高中英语深度阅读教学范式探究

黄剑涛 ◎ 主编

广东高等教育出版社
Guangdong Higher Education Press

·广州·

图书在版编目（CIP）数据

高中英语深度阅读教学范式探究 / 黄剑涛主编. —广州：广东高等教育出版社，2021.12

ISBN 978-7-5361-7188-6

Ⅰ. ①高… Ⅱ. ①黄… Ⅲ. ①英语-阅读教学-教学研究-高中 Ⅳ. ①G634

中国版本图书馆CIP数据核字（2021）第269291号

GAOZHONG YINGYU SHENDU YUEDU JIAOXUE FANSHI TANJIU

高中英语深度阅读教学范式探究

出版发行	广东高等教育出版社
	地址：广州市天河区林和西横路
	邮政编码：510500　电话：(020) 87553335
	http://www.gdgjs.com.cn
印　刷	佛山市浩文彩色印刷有限公司
开　本	787毫米×1 092毫米　1/16
印　张	13
字　数	248千
版　次	2021年12月第1版　2021年12月第1次印刷
定　价	42.00元

前　言

  提高文本解读能力是提高课堂教学实效和学生学习质量的关键，而文本解读是有效阅读教学的前提。每篇阅读文本都有着丰富的内涵，需要教师在解读中去挖掘，并在阅读教学设计中加以体现。通过解读文本，教师能够赋予教材崭新的生命，使阅读教学越发立体、多元和综合，进而提升课堂教学实效和学生学习质量。《教育部关于全面深化课程改革落实立德树人根本任务的意见》提出了"核心素养"这一重要概念，指出"研究制订学生发展核心素养体系"是推进课程改革的关键领域和主要环节。核心素养概念的提出，为我国新世纪教育改革确定了发展方向。

  目前，核心素养作为我国新一轮教育和课程改革的重要依据，正一步步地被落实到课程设计和实践中去。就英语这门学科而言，如何促进学生英语学科核心素养的发展已然成为英语教学的重要目标。作为高中英语教学的主要课型，阅读课是培养学生英语学科核心素养的重要途径。有效阅读的教学设计取决于教师对文本解读的水平，它要求教师充分利用不同体裁的语篇，以培养学生的英语学科核心素养为目标，做好阅读文本的分析与理解。

  本书是广东省教育科研"十三五"规划课题"基于学科核心素养的高中英语阅读文本解读研究"（课题批准号：2019YQJK414）的研究成果，主要内容为高中英语深度阅读的优秀教学设计和案例。这些教学设计和案例都是一线教师们根据新课程理念、要求和具体的教学实际而设计的，反映了教师们在教育教学观念上的变化和更新，以及在阅读教学方法上不断创新和改进。本书旨在让广大教师对这些教学成果得以了解、学习和借鉴，以便在今后的教学实践中起到举一反三的作用。

  由于编者水平有限，书中存在缺点和不足，欢迎读者和同行批评指正，以便今后修订。

编 者

2020 年 4 月 2 日

导　读

　　阅读和理解是两项不同的活动，阅读是输入的外部活动，理解是内化的心理活动，读者在阅读过程中能否产生理解是其阅读是否有效的标志。

　　在观察课堂教学和学生日常学习中，我们发现学生把阅读理解理解为知道所阅读的英语文本的中文意思。例如，在评讲阅读理解和完形填空时，经常听到有学生说出一些不同的理解。从我们自己的角度来看，觉得怎么会有这些理解出现，有时甚至觉得哭笑不得；但是站在学生的角度，他们是一脸认真的样子，觉得就应该这样理解。

　　比如，在一篇完形填空中，文章的大意是主人公在等父亲来接他放学，但父亲却迟迟没有出现，这是因为父亲要工作谋生，已经不是第一次来接他放学晚到了。其中，有这样两个句子。

　　(1) His father had said that he would _____ him up by 5:30, but it was almost seven and Paul hadn't heard a word from him.

　　A. lift　　　B. pick　　　C. call　　　D. put

　　(2) He knew that his dad had a _____ and a life.

　　A. job　　　B. problem　　C. qualification　D. document

　　句子（1）的正确答案选 B，但有一些学生误选 C，他们的理解是主人公的父亲答应会在 5:30 前会打电话来。句子（2）的正确答案选 A，但有一些学生误选 B，他们的理解是主人公的父亲由于遇到问题而没有来接他。

　　这两个句子不存在生词的问题，那为什么有些学生会选错呢？如果看了答案解释，会得出类似"因为在某一段落原话如此，所以正确答案便是如此"的解释。这样的解释对学生下次答题并不见得有帮助，学生的思维没有根本的改变。学生不像教师一样有丰富的人生阅历，看待问题会有一定的狭隘性，容易产生理解上的偏差。理解能力的提升，并不是靠一两节课的技能训练，而是靠大量阅读去体会和感悟。同时，学生看问题容易以局部替代整体，没有站在作者的角度看全文，甚至用中文翻译替代理解。

我很认同语文的教学方式，语文阅读会要求学生分析文章结构、分段、归纳段落大意、全文中心思想和作者的想法等，这些训练对学生的综合语篇理解能力培养有很大的帮助。在阅读理解评讲过程中，了解学生是否理解文章中心、篇章结构等是非常必要的。不能只针对错题来讲解，这样学生只会关注细节，常常把错误的原因归咎于未掌握的单词上。我在讲评试卷阅读理解的文章时，不讲学生未掌握单词的意思，而是把学生已掌握单词的部分读懂，推断出文章和段落大意，站在作者的角度去审视问题。这样的训练有两个好处：①学生不会因为生词多而有畏难情绪，充分理解已掌握单词部分的语句来获得中心，从而去"脑补"全文；②学生选择时更容易排除干扰项，让"是否符合中心""是否能支撑中心"成为判断选项是否正确的唯一标准。

在阅读理解过程中，我们会发现这是一个积极的、主动的和互动的过程。理解是阅读的核心之一，也是阅读的最终目的。当我们开始阅读的时候，就调动了一系列的学习策略和对文本语言的理解（音素、拼读、词汇和语法以及文本意义的构建等）。为了要理解文本，我们首先需要理解文本中的词汇。如果对文本中某些词汇的理解出现偏差，就会对整篇文章的理解出现偏差。尤其是学生在记忆单词的过程中不重视发音，只是记忆单词拼写的某些部分，就容易造成相似词汇的混淆。例如，"pollution（污染）和 population（人口）""except（除了）和 expect（期望）"等。这些词汇混淆的现象，在学生阅读过程中造成的理解偏差屡见不鲜。同时，对于熟词新义，学生也没有立足语境记忆单词，导致无法正确地理解阅读的文本。

一、高中英语阅读的现状

1. 阅读比重大

无论在教材内容上，还是在高考中，高中英语阅读的比重都非常大。在教材内容上，英语知识以文本阅读为载体，文本是学生语言学习的输入方式，学生在阅读文本的过程中学习语言知识和掌握语言技能。在高考中，英语阅读理解、完形填空、语法填空和读后续写等都需要学生读懂文章才能答题。因此，几乎整份试卷都需要学生具备一定的阅读理解能力。

2. 教学任务单一

正是由于阅读能力非常重要，教师和学生把读懂文章视为教与学的首要任务。通过日常的课堂教学和学习观察，我们不难发现词汇和语法是最为重要的学习内容。由于教师和学生普遍认为词汇和语法是影响阅读理解能力的关键因素，容易导致两种情形：①教师重视课文内容中词汇和语法的分析，教案中经常提到的教学重点和难点都与词汇和语法有关，作业也以语言知识点的复习为主；②学生重视课堂上教师的阅读分析，课外很少自己去看其他英语文章。

3. 缺乏对阅读理解深层次的认识

毋庸置疑的是，词汇和语法是阅读理解能力提升的重要基础，但同时阅读还包括了其他内容。例如，阅读文本的文化背景知识、略读和跳读（skimming & scanning）等的阅读技能和语篇分析等。

二、阅读理解的相关理论

1. 语用学（pragmatics）

语用学研究的是语言的意义，研究语言在语境中的理解和运用。我们日常课堂教学的词汇意义和语法成分往往是静态的，但在文本语境下，学生要通过一系列的推理判断去理解文本的主旨大意和写作意图。如果要真正理解和运用英语，仅仅凭语音、语义和语法是不行的，意义和语境是语用学的两大核心，也是影响英语阅读理解能力的关键因素。何兆熊先生在《语用学概要》中指出："在众多的语用学定义中，有两个概念是十分基本的，一个是意义，另一个是语境。"①

2. 文本解读

文本解读是教师从篇章整体角度分析文本的行为，其体现了教师的阅读能力的高低，也决定了阅读教学设计层次的丰富性。同时，直接影响学生的阅读思维能力是否能得到锻炼。例如，skimming & scanning 是课文阅读教学

---

① 何兆熊. 语用学概要［M］. 上海：上海外语教育出版社，1989.

中常用的方法之一，但更应该把这种方法作为学生阅读思维的培养方式。在试卷阅读理解讲评中，尤其对于中等及中等以下层次的学生而言，这种方法是有很大的助益的。这部分学生的词汇量不够，存在阅读障碍（如逐字阅读、阅读速度慢、看了后面忘了前面等），需要通过思维来补救。阅读能力强的学生阅读速度快，而这里的快，并不意味着这部分学生懂得文章里所有的单词，而是他能快速抓住文章中心、段落大意和篇章结构，知道哪些是主题句、哪些是支撑句和文章中蕴含的意义。任何描述或者论述都不能偏离中心，任何命题人在命题时必须依据中心。

三、高中英语深度阅读理解的实施案例

1. 高中英语阅读多元目标任务型活动教学探讨——以人教版高中《英语选修6》[①] Unit 5 *The Power of Nature* 为例

第一章以一节阅读课为例，探讨了高中英语阅读课的多元目标活动教学设计问题。笔者提出，在进行阅读课教学设计时，应分析阅读文章多段落的特点，通过合理设计活动教学，实现阅读效果最大化，促成深层次的阅读理解和学生语言技能的迁移。

2. 基于主题意义探究的阅读教学设计——以人教版高中《英语选修9》Unit 1 *Breaking Records* 为例

第二章分析了基于主题意义探究高中英语阅读教学的必要性和设计思路，并提供一个教学设计作为案例。旨在探讨如何以主题意义探究为核心，整合不同阅读活动，引导学生理解，内化和外化主题意义，实现深度学习，发展学生的学科核心素养。

3. 基于英语学习活动观的高中英语阅读教学设计——以人教版高中《英语选修9》Unit 3 *Australia* 的主题课文 *Glimpses of Australia* 为例

第三章是基于英语学习活动观的高中英语阅读教学设计。英语学习活动

[①] 本书中人民教育出版社出版的普通高中英语教材，全部统一简称"人教版高中《英语必修/选修×》（'×'为册次）"。

观是发展学生核心素养、落实立德树人任务的重要理念之一。其提倡通过基于语篇的学习理解类活动、深入语篇的应用实践类活动和超越语篇的迁移创新类活动等三类活动的设计，提高学生的思维品质和学习能力，培养学生英语学科的核心素养。

4. 基于英语学习活动观的高中英语阅读教学设计二——以人教版高中《英语选修6》Unit 2 Poems 的主题课文 A Few Simple Forms of English Poems 为例

第四章将指向学科核心素养发展的英语学习活动观与英语阅读教学相结合，这种结合能有效提升学生的语言能力、文化意识、思维品质和学习能力。在英语阅读教学实践中，充分体现英语学习的活动观。要求以语篇为依托，以主题为引领，将语言知识学习、文化内涵理解、语言技能发展和学习策略运用融合在学习理解、应用实践和迁移创新等三类互相关联的语言与思维教学养成中。具体提出"文本解读是基础，主题引领是核心，活动设计是方法"的阅读教学理念，结合教学实践应用案例，深入剖析了英语学习活动观在高中英语阅读教学中的导向运用，促进学生英语学科核心素养的发展。

5. 基于英语学习活动观下的高中英语深度阅读教学——以人教版高中《英语必修1》（2019版）Unit 2 Traveling Around 的主题课文 Travel Peru 为例

第五章是从另一角度谈英语学习活动观下的英语阅读教学。英语学习活动观是英语学习的基本形式，也是学习者学习和尝试运用语言理解与表达意义，培养文化意识，发展多元思维，形成学习能力的主要途径。本章通过新课程标准的学习活动观，用学习理解、应用实践和迁移创新等环节来设计一节阅读课。通过语言、思维和情感相融合的活动，引导学生在提升阅读技能的同时学习习语言知识，并运用语言技能表达不同的情感，形成积极的价值观。

6. 基于英语学习活动观的高中英语阅读教学设计三——以人教版高中《英语必修1》（2019版）Unit 5 Languages Around the World 的主题课文 The Chinese Writing System: Connecting the Past and the Present 为例

第六章从高中英语教师在英语阅读教学中需要遵循的思想基本理念，即

"意义探究""文本解读""活动设计"和"活动目标"展开论述。英语学习活动观是在贯彻学科核心素养的基础上，对教学方式进行变更，使得英语教学效果得到进一步提升的观念，其目标是达成学科育人。

7. 指向思维品质的高中英语阅读教学——以人教版高中英语《英语选修 8》Cloning: Where is It Leading Us 为例

第七章从思维品质的培养角度来看待阅读教学。思维能力的培养离不开阅读教学活动；思维课堂的创建不仅仅是当前阅读教学现状的需求，又是落实学科核心素养的必然要求。① 在过去的语言学科教育当中，我们欠缺对思维的关注。课程改革需要有思维参与的课程，不要让学习停留在表层或表面。② 这些都说明了阅读和思维的密切关系，只要开始阅读就是开始思维活动。然而，阅读教学中应该关注如何更好地使它得到更好的发展，使学生具备一定水平的高思维品质。因此，指向思维品质的高中英语阅读教学，是践行新课标的要求和落实英语学科核心素养培养的实际需求。

8. 基于思维品读质培养的英语阅读教学设计——以人教版高中《英语必修 5》Unit 1 Great Scientists 的主题课文 John Snow Defeat "King Cholera" 为例

第八章探讨通过阅读教学来培养学生的思维品质。英语课程标准指出，普通高中英语课程具有重要的育人功能，旨在发展学生的语言能力、文化意识、思维品质和学习能力等英语学科核心素养，落实立德树人的根本任务。在整个英语教学过程中，阅读教学对培养学生的核心素养所发挥的作用是最大的。③ 因此，笔者认为，在实施阅读教学时，教师应引导学生运用已有知识，综合文本信息，运用批判性思维，带领学生深入阅读和语篇，积极思考，探讨主题意义，提升思维品质。

---

① 葛炳芳，洪莉. 指向思维品质提升的英语阅读教学研究 [J]. 课程·教材·教法，2018（11）：110–115.

② 梅德明，王蔷. 改什么？如何教？怎样考？：高中英语新课标解析 [M]. 北京：外语教学与研究出版社，2018.

③ 张献臣. 基于英语学科核心素养的中学英语阅读教学 [J]. 中小学外语教学（中学），2018，41（6）：1–5.

9. 基于思辨能力培养的以读促写教学课例分析——以人教版高中《英语必修2》Unit 2 The Olympic Games 的课文 The Story of Atalanta 为例

第九章探讨以思辨能力培养为目的开展高中英语阅读的教学。新课程标准强调学生核心素养的培养，而培养学科核心素养的有效途径之一是促进学生的读写结合。通过以读促写，发展学生的思辨能力、创新能力和合作精神等。长期以来，高中英语教学中存在读写分离以及"重传授，轻思维"的问题。英语教学不仅要培养学生的语言能力和学习能力，而且要注重思维品质的提升，尤其是思辨能力的提高。本章以 The story of Atalanta 的教学实践为例，探索如何将思辨能力的培养与英语以读促写课程相结合。

10. 英语纪实报告文学深度阅读教学策略——以人教版高中《英语必修1》Unit 4 Earthquakes 的主题课文 The Night the Earth Didn't Sleep 为例

第十章从文本解读的角度来探讨英语阅读教学。文本解读是有效开展深度阅读教学的重要途径，起到牵一发而动全身的重要作用。在英语阅读教学中，教师要想深入解读文本，可以尝试从主题、内容、文体、语言和作者等五个角度进行。①

11. 基于文本解读的高中英语阅读课教学设计——以人教版高中《英语选修6》Unit 3 A Healthy Life 的主题课文 Advice from Grandad 为例

第十一章谈到文本解读决定着阅读理解的深度和广度，教师应重视从各方面进行文本解读。本章从文本的内涵出发，分析了当前高中英语阅读教学文本解读中存在的问题，提出了从文体、作者意图、结构、语句和整体内容等五个维度进行文体解读，并以具体的例子分析了如何进行文本解读教学设计。结合笔者执教的一节高中英语同课异构公开课，分析当前阅读教学设计中存在的问题，提出阅读教学中要以文本解读为前提。教学设计要围绕文本的主体信息，凸显文本的核心主线，符合学生的思维发展等原则，从而提高

---

① 张秋会，王蔷. 浅析文本解读的五个角度［J］. 中小学外语教学（中学），2016（11）：11 – 16.

阅读课堂的课堂实效。

12. 基于知识可视化的高中英语深度阅读教学——以人教版高中《英语必修1》（2019版）Unit 3 Sports and Fitness 的主题课文 Living Legends 为例

第十二章主要从语篇分析、学情分析、教学目标、重难点、教学过程和课后作业等六个方面，借助可视化手段，探索知识可视化，在高中英语深度阅读教学中，培养学生思维品质和情感态度的具体途径。

13. 基于批判性思维的课堂提问对深度阅读教学的探究——以人教版高中《英语必修5》Unit 3 Life in the Future 的主题课文 First Impression 为例

第十三章围绕批判性思维，探讨高中英语阅读教学。高中英语阅读教学中，合理并递进安排围绕文章主题展开的展示性问题、参阅型问题和评估型问题，能够帮助学生梳理文本信息，且促进文本深层理解。从而触发学生对文本知识的积累，最终结合自身已有知识，产生思辨性思考和批判性思维。

14. 支架理论下的高中阅读教学活动设计——以人教版高中《英语必修3》（2019版）Unit 3 Diverse Cultures 的主题课文为例

第十四章主要探讨支架理论在高中英语阅读教学中的应用，该理论已成为帮助学生降低阅读障碍，帮助达成目标有效模式。本章结合人教版教材的阅读设计案例，探讨了支架理论的实施模式以及其在高中阅读教学设计中的应用。

15. "立德树人"背景下的新教材高中英语阅读教学——以人教版高中《英语必修1》（2019版）Unit 4 Natural Disasters 的主题课文 The Night the Earth Didn't Sleep 为例

第十五章探讨如何有针对性地设计可以充分体现"立德树人"的阅读教学活动。在教学中体现社会主义核心价值观，让学生在高中阶段培养良好的品德修养和民族文化意识等。本章主要探讨了"立德树人"在英语阅读教学中的重要性以及如何在新教材的阅读教学设计中落实和完成"立德树人"的教育根本任务。

目　　录

第一章　高中英语阅读多元目标任务型活动教学探讨

　　——以人教版高中《英语选修6》Unit 5 The Power of Nature 为例

　　……………………………………………………………………………… 1

　　一、引言 ……………………………………………………………………… 1

　　二、教学实践 ………………………………………………………………… 2

　　三、结语 ……………………………………………………………………… 6

第二章　基于主题意义探究的阅读教学设计

　　——以人教版高中《英语选修9》Unit 1 Breaking Records 为例

　　……………………………………………………………………………… 8

　　一、引言 ……………………………………………………………………… 8

　　二、基于主题意义探究的阅读教学的必要性 ……………………………… 8

　　三、基于主题意义探究的阅读教学设计 …………………………………… 9

　　四、基于主题意义探究的阅读教学设计案例 ……………………………… 10

　　五、板书设计 ………………………………………………………………… 17

　　六、小结 ……………………………………………………………………… 18

第三章　基于英语学习活动观的高中英语阅读教学设计一
　　——以人教版高中《英语选修 9》Unit 3 Australia Reading 的主题课文 Glimpses of Australia 为例 ················ 19
　　一、引言 ·· 19
　　二、英语学习活动观的内涵和特征 ··· 20
　　三、基于英语学习活动观的高中英语阅读教学设计实例 ························· 21

第四章　基于英语学习活动观的高中英语阅读教学设计二
　　——以人教版高中《英语选修 6》Unit 2 Poems 的主题课文 A Few Simple Forms of English Poems 为例 ················ 28
　　一、引言 ·· 28
　　二、英语学习活动观的内涵 ··· 29
　　三、阅读教学设计 ·· 29
　　四、课例实践 ·· 32
　　五、教学实践 ·· 32
　　六、教学反思 ·· 38
　　七、课后评析 ·· 39
　　八、结束语 ·· 41

第五章　基于英语学习活动观下的高中英语深度阅读教学课例
　　——以人教版高中《英语必修 1》（2019 版）Unit 2 Traveling Around 的主题课文 Travel Peru 为例 ················ 42
　　一、问题的提出 ·· 42
　　二、英语学习观下的高中英语深度阅读教学特点 ··································· 43
　　三、英语学习活动观下的深度阅读课堂设计 ······································· 44
　　四、反思与感悟 ·· 51

第六章 基于英语学习活动观的高中英语阅读教学设计三
——以人教版高中《英语必修1》（2019版）Unit 5 Languages Around the World 的主题课文 The Chinese Writing System：Connecting the Past and the Present 为例 ·············· 53
- 一、英语学习活动观的内涵、特点及价值 ·············· 54
- 二、基于英语学习活动观的高中英语阅读教学设计理念 ·············· 55
- 三、教学设计实例 ·············· 57
- 四、结束语 ·············· 63

第七章 指向思维品质的高中英语阅读教学
——以人教版高中《英语选修8》Cloning：Where is It Leading Us 为例 ·············· 64
- 一、引言 ·············· 64
- 二、理论基础 ·············· 65
- 三、教学设计 ·············· 66
- 四、教学过程 ·············· 67
- 五、作业设计 ·············· 78
- 六、板书设计 ·············· 78

第八章 基于思维品读质培养的英语阅读教学设计
——以人教版高中《英语必修5》Unit 1 Great Scientists 的主题课文 John Snow Defeat "King Cholera" 为例 ·············· 79
- 一、教学理念 ·············· 79
- 二、教材分析 ·············· 79
- 三、学情分析 ·············· 80
- 四、设计思路 ·············· 80
- 五、教学目标 ·············· 81

六、教学过程 …………………………………………………………… 81

　　七、教学反思 …………………………………………………………… 88

第九章　基于思辨能力培养的以读促写教学课例分析
　　——以人教版高中《英语必修2》Unit 2 The Olympic Games 的课文 The Story of Atalanta 为例 ……………………………… 90

　　一、引言 ………………………………………………………………… 90

　　二、课例分析 …………………………………………………………… 91

　　三、课例评析 …………………………………………………………… 102

　　四、结语 ………………………………………………………………… 103

第十章　英语纪实报告文学深度阅读教学策略探析
　　——以人教版高中《英语必修1》(2019版) Unit 4 Natural Disasters 的主题课文 The Night the Earth Didn't Sleep 为例 ……… 104

　　一、引言 ………………………………………………………………… 104

　　二、英语纪实性报告文学教学中存在的问题 ………………………… 105

　　三、课例分析 …………………………………………………………… 106

　　四、基于深度阅读的纪实性报告文学教学实践 ……………………… 107

　　五、结束语 ……………………………………………………………… 117

第十一章　基于文本解读的高中英语阅读课教学设计
　　——以人教版高中《英语选修6》Unit 3 A Healthy Life 的主题课文 Advice From Grandad 为例 ……………………………… 118

　　一、引言 ………………………………………………………………… 118

　　二、如何更好地把对文本的解读转化为学生的学习活动设计 ……… 119

　　三、以文本解读为前提的教学设计案例 ……………………………… 122

　　四、结束语 ……………………………………………………………… 129

第十二章　基于知识可视化的高中英语深度阅读教学
——以人教版高中《英语必修1》（2019年版） Unit 3 Sports and Fitness 的主题课文 Living Legends 为例 …… 130
一、问题的提出 ……………………………………………… 130
二、高中英语深度阅读教学 ………………………………… 131
三、知识可视化 ……………………………………………… 133
四、可视化高中英语深度阅读教学的设计与实践 ………… 135
五、结语 ……………………………………………………… 141

第十三章　基于批判性思维的课堂提问对深度阅读教学的探究
——以人教版高中《英语必修5》Unit 3 Life in the Future 的主题课文 First Impression 为例 …………… 143
一、问题的提出 ……………………………………………… 143
二、有效的课堂提问促使学生批判性思维的形成 ………… 144
三、教学思路 ………………………………………………… 146
四、教学案例 ………………………………………………… 146
五、教学反思 ………………………………………………… 152
六、结束语 …………………………………………………… 153

第十四章　支架理论下的高中阅读教学活动设计
——以人教版高中《英语必修3》（2019版） Unit 3 Diverse Cultures 的主题课文为例 …………………… 154
一、问题的提出 ……………………………………………… 154
二、支架式活动设计的概念、特征和分类 ………………… 155
三、本章所涉及的其他相关理论 …………………………… 156
四、支架活动下阅读课堂活动设计课例 …………………… 156
五、支架式阅读课活动设计的策略建议 …………………… 168
六、结语 ……………………………………………………… 169

第十五章 "立德树人"背景下的新教材高中英语阅读教学
——以人教版高中《英语必修1》（2019版）Unit 4 Natural Disasters 的主题课文 The Night the Earth Didn't Sleep 为例 …… 170

一、引言 ……………………………………………………………… 170
二、"立德树人"在高中英语阅读教学中的重要性 ………………… 170
三、如何在高中英语新教材阅读教学中渗透立德树人理念 ………… 172
四、结合"立德树人"的新教材英语阅读教学设计案例……………… 173
五、结语 ……………………………………………………………… 179

参考文献 …………………………………………………………… 181

第一章 高中英语阅读多元目标任务型活动教学探讨

——以人教版高中《英语选修6》Unit 5 The Power of Nature 为例[*]

一、引言

高中英语阅读课通常关注文章的中心思想、段落大意、细节和推理问题以及词汇学习等几个方面，一般按照段落顺序进行授课。然而作为语言输入的主要途径之一，阅读课还有很多方面值得我们去发掘和探讨。首先，不同阅读文章体裁不一，呈现手法不一，表达效果不一。即使是同一篇阅读文章，段落构成和衔接的方法也不尽相同。其次，阅读作为一种文字表述，能让人们体会不同的感受，了解别人的想法，唤起人们对未能亲身经历的景象的想象等。正是这种不同和差异，为活动教学提供了灵活的可编辑的模式，不同的任务型活动创造流动的课堂，使阅读多元目标活动教学的实现成为可能。

笔者提出的高中英语阅读多元目标任务型活动教学，是对课本阅读文章进行解构，根据阅读文章不同段落内容的目标和特点进行重构，并设置不同的任务，让学生在完成不同的任务中体会阅读文章的内涵和不同的表现手法，从而实现语言能力迁移和内化。《普通高中英语课程标准（实验）》在教材使用建议中明确提出，"根据学生的实际情况对教材内容对顺序进行适当对调整有利于提高教学效果。"[①] 同时，要求"在教学中应增加开发性的任务型活动和探究性学习内容，使学生有机会表达自己的看法与观点。"[②] 高中英语阅读教学要充分关注对教学材料的解读，要在解构文本的基础上建构

---

[*] 本章由岭南师范学院附属中学黄剑涛执笔。
[①②] 教育部. 普通高中英语课程标准：实验[M]. 北京：人民教育出版社，2003.

学生的学习。①

二、教学实践

笔者执教的是人教社高中《英语选修6》Unit 5 The Power of Nature 中的阅读文章 An Exciting Job。

（一）学情分析

学生在前一节课 Warming up 和 Pre-reading 中已经学习了以下内容。

（1）火山爆发示意图和火山各部分构成的单词：Ash cloud, Crater, Lava flow, Volcano, Magma chamber。

（2）小组讨论：人类如何保护自己免受强大的自然力量的破坏，例如火山、飓风和地震等。

（3）通过回答问题调查表检测自己是否合适做一名火山学家，初步了解火山学家工作的危险性，例如为了测量滚烫熔岩的温度爬进活火山。

（二）教具准备

（1）自制任务清单，让学生明确自己的学习任务。
（2）电视新闻：火山学家的工作实况视频，真实反映其工作的危险性。

（三）多元目标任务型活动教学过程

1. 任务 A：信息获取与交际能力

以采访的形式进行角色互动，学生以四人为一个小组，其中一人（S1）扮演火山学家，其余三人（S2、S3、S4）扮演记者去采访火山学家。采访内容围绕阅读文章的第一、二和六自然段展开，四名学生均要细读段落内容，其中 S2、S3、S4 要根据段落的细节内容来准备提问。采访中的提问和回答分为两部分：①作者作为火山学家的工作内容和意义；②作者对自己工作的心情和感受。活动过程中，学生要组织语言把内容信息提炼出来。同时，进行活动评价表记录（见表1-1），记录在活动过程中，提问内容是否完整，语法是否正确。

---

① 葛炳芳. 高中英语阅读教学改进策略的思考 [J]. 课程·教材·教法，2012，(2)：94–98.

表 1-1　活动评价表

提问内容	提问人									
	S1（回答）		S2（提问）		S3（提问）		S4（提问）		S5（提问）	
	内容完整	语法正确	内容完整	语法正确	内容完整	语法正确	内容完整	语法正确	内容完整	语法正确
职业										
工作内容										
Mount Kilauea 位置										
如何看待工作										
为什么										
能否提供更多工作上的细节										
自拟										

(1) 学生活动过程记录。

S2：What's your job?

S1：I'm a volcanologist.

S3：What does a volcanologist do?

S1：My job is collecting information for a database about Mount Kilauea.

S4：Where is Mount Kilauea?

S1：It's one of the most active volcanoes in Hawaii.

S3：What do you think of your job?

S1：It's very important and occasionally dangerous.

S4：Why?

S1：My work has saved many lives by warning them of the danger in advance.

S2：Could you give me more details about your job?

S1：Having collected and evaluated the information, I help other scientists to predict where lava from the volcano will flow next and how fast.

(2) 活动主体重组。结合课本练习 3，S1 扮演作者作为火山学家去面试三位想成为火山学家的面试者，S2 扮演 Fred Spears，S3 扮演 Susan Kelp，S4 扮演 Charles Wild。通过了解三位面试者的特点来决定哪位能成为火山学家。

(3) 任务设置原理。活动 A 以寻找阅读材料细节能力，以及语言交际能力为目的，学生细读阅读材料后，根据内容进行提问，既真实反映出理解的程度，又锻炼了语言交际能力。通过自主和同伴合作两种活动形式来获取阅读信息，避免学生过于依赖选择题形式的阅读过程。在活动教学实践中，笔者重视两个方面："篇章内容重构，活动主体重组"。篇章内容重组是根据学生已学的知识以及阅读材料的体裁、内容和衔接方式等进行重构。目的是使学生既能运用已学知识，又能细细品味阅读材料内含的表述与意义。活动主体重组是指参与课堂活动的学生重组。多人小组活动在阅读课堂上通常是结构固定的，也即是小组一旦形成，成员的角色就不改变，成员之间往往只能就同一话题进行讨论，这样不利于信息沟的形成。在外语教学中，信息沟的存在与否是判别教学中是否把外语作为交际工具来学习的一个重要标志，是判别学生能否通过课堂教学学到新知识提高语言技能的重要标志，也是判别课堂教学是否使学生感兴趣的重要标志之一。

2. 任务 B：读写能力迁移

阅读文章第三自然段，找出描述火山爆发的表达。说明使用了什么方式描述和为什么用这种方式描述。请用这种描写手法来描述学生们经历过的强台风——彩虹。教师要求学生小组合作探讨以下问题。

In what way does the author describe what he heard and what he saw during the eruption? Could the way the author describes give you a vivid picture of the eruption? Give examples.

Do you still remember Typhoon Mujigae in 2015? Could you describe what you feel about Typhoon Mujigae in the way the author does?

（1）学生找出的描述火山爆发的表达。

The lava that flows slowly like a wave down the mountain ...

... my bed began shaking and I heard a strange sound, like a railway train passing my window.

... when suddenly my bedroom became as bright as day.

... red hot lava was fountaining hundreds of metres into the air.

（2）学生讨论的结果。作者运用了明喻和暗喻的手法来描述火山爆发，这种手法可以帮助读者即使没有身临其境也能左脑海中浮现出画面情景。

学生应用明喻和暗喻的手法重现强台风——彩虹的情景。

The trees outside were blown by the strong wind and bent a lot like broken watches.

Raging wind roars over the city, creating wild rain.

Large billboards were blown over as easily as paper was.

The shattered window glass was flying like bullets.

The building was rocking like a cradle.

Rain cut across the land in sheets, and lightning played like jagged snakes in the air.

（3）任务设置原理。阅读作为语言输入方式之一，在实际教学中较为重视对文章内容的理解，应试做题式的细节信息提问和段落大意讲解。阅读课上，教学流程基本上是教师围绕每一段的内容进行提问和回答，提问的主要形式是选择最佳选项。这样课堂容易出现用翻译替代理解的现象。但是翻译课文，中文讲解新词，并不意味着学生理解了课文。理解是一个深层次的概念，涉及学生的背景知识与新知识的融合和拓展内化。但是输入即便是被理解了，也仍有可能不会得到学习者内部机制的处理。只有当输入变为吸收的语言（intake），第二语言习得才会发生。①

根据教材要求，本单元教学的写作教学目的是 Descriptive writing，学生通过了解描述的生动表达，以提高自己的写作能力。同时学生已经学习过本册书第 50 页 Workbook Unit 2 Poems 练习 4 使用 similes（明喻）和 metaphor（暗喻）来表达诗歌情景。所以笔者把这两部分结合起来，帮助学生运用已学的知识来探讨新的知识。《普通高中英语课程标准（实验）》提出，"把教材内容与现实生活联系起来，有利于激发学生对学习动机，也有利于提高学生的学习效果。"② 强台风——彩虹给广东湛江带来了巨大的损失，学生们都亲身经历了这次台风，台风的情景仍然历历在目，所以笔者要求学生把比喻的描述手法运用到台风的描述中，实现知识的迁移。

3. 任务 C：读与说的能力迁移

阅读文章第四自然段，了解作者在火上爆发后去火山考察的情景描述表达，例如火山学家的穿着，行进的过程，考察火山的细节等，然后观看一段央视新闻中文视频，视频是报道探险家 Cossman 和 George Kourounis 探索马鲁姆火山的过程。教师要求学生用课文第四自然段的文字表述以英语口述视频内容，给新闻配音。

学生撰写的新闻稿（画线文字为课文的短语表达）。

Last month, Cossman and George Kourounis, two American explorers, spent four days on Mt. Marum volcano, which is one of the 1,500 **active volcanoes** all over the world. With the help of the rope, Cossman and George Kourounis **climbed**

---

① 葛炳芳. 高中英语阅读教学改进策略的思考［J］. 课程·教材·教法，2012，(2)：94-98.

② 教育部. 普通高中英语课程标准：实验［M］. 北京：人民教育出版社，2003.

down into an area of the Mt. Marum volcano just above the ***boiling lava***. They ***dropped as close as possible to the crater***. The pair filmed themselves using a camera. At one point they ***went so close***, Korousnis said, that flying specks of lava melted part of their ***protective suits***. They said in time of ***making their way to the edge of the crater***, they had to deal with terrible weather, tremendous heat from the lava, even though they had ***protective suits***, ***helmets***, ***big boots and special gloves***.

（2）任务设置原理。在课堂活动中，笔者引入视频的目的：①呈现与阅读材料相关的情景，通过视觉效果加深学生对材料内容的形象理解。②实现从文字到视频再到文字的语言运用过程。文字和视频各有特点，文字需要调动读者的背景知识和丰富的想象力去理解，而视频则是直观可视的；文字表达需要语言积累，而视频所见即所得。因此，对于视觉上的景象，学生容易理解，但如果要用文字来描述，缺乏文字积累的学生是很难做到的。笔者利用文字与视频情景的对应性来帮助学生在文字和情景之间实现迁移运用，即学习课文阅读的文字表达后，再观看相应视频，最后尝试脱稿为新闻视频配音。安德森提出：我们可以将对环境的言语描述转换成认知地图。也就是，说当学生在阅读一段情景描述文字时，他们会在脑海中浮现这一情景。①

三、结语

多元目标任务型活动阅读教学设计依据阅读文章内容各段落特点，对教材进行重组和优化，结合学生的最近发展区，从而开发一系列的阅读活动教学。

1. 培养学生的语言综合能力

阅读课的主要目的是培养学生的阅读能力，而阅读能力除了找细节、归纳中心和推理能力之外，也要注意表达风格（幽默、严谨、优美）和文章体裁等特点。教师要敢于把学生自己能解决的阅读问题交给学生在小组合作中解决。教师的任务除了设计能有效考查学生阅读能力的活动之外，还要设计帮助学生实现能力迁移的真实语境活动，让学生在活动中感悟知识和内化知识，在活动中了解学习同伴和自己理解上的差距。

---

① 安德森. 认知心理学及其启示[M]. 秦裕林，程瑶，周海燕，等译. 北京：人民邮电出版社，2012.

2. 优化利用教材

教材内容是不变的，但学生主体是有差异性的、教学目的是多元的，所以如果一成不变地使用教材，就无法发挥教材的最大作用。要优化阅读教材，是对教师教学能力的考验，教师要具备创新精神和教学灵活性。每篇文章的体裁、内容和风格各异，甚至同一篇文章不同段落中蕴含了不同的能力培养目标。单一教学活动设计无法满足教学的需求，容易造成教学资源的浪费。

3. 实现阅读评价的多元化

地阅读课上，教师对学生阅读能力和评价倾向于选择题形式，通过答对的正确率来评价学生是否了解课文。而多元目标任务型活动阅读教学则注重学生的多方面输出能力，阅读理解是内在驱动力，外在则体现在能否用阅读的知识来完成任务。

第二章　基于主题意义探究的阅读教学设计

——以人教版高中《英语选修 9》Unit 1 Breaking Records 为例*

一、引言

教育部在 2018 年正式颁布《普通高中英语课程标准（2017 年版）》，开启了高中英语课程改革的新征程，指明了新一轮高中英语课程改革的方向。新版课程标准指出，"主题为语言学习提供主题范围和主题语境。学生对主题意义的探究应是学生学习语言的最重要内容，直接影响学生语篇理解的程度、思维发展的水平和语言学习的成效。"① 此外，新版课程标准进一步指出，"英语课程应该把对主题意义的探究视为教与学的核心任务，并以此整合学习内容，引领学生语言能力、文化意识、思维品质和学习能力的融合发展。"② 由此可见，作为课程内容六要素之一的"主题"应该是英语教学的核心内容，主题意义探究是英语教学的核心任务，学生对主题意义的理解程度反映其学科核心素养的水平。因此，在阅读教学中，教师应该"整合课程内容的六要素，采取丰富多样的教学方式和手段，进一步突出以主题为引领，以语篇为依托、以活动为途径的整合性教学方式。"③

二、基于主题意义探究的阅读教学的必要性

当前英语教学活动存在着碎片化，表层化和模式化的问题，不利于培养学生的文化意识，思维品质和学习能力。首先，阅读活动细而碎，活动之间

---

* 本章由岭南师范学院附属中学王思婷执笔。

①②③ 教育部. 普通高中英语课程标准：2017 年版 [M]. 北京：人民教育出版社，2018.

缺乏关联，学习过程碎片化，无法实现学生核心素养综合发展。阅读活动较多，且过于关注具体文本的细节信息，对培养学生整体理解和表达主题意义的能力关注不足。而"脱离主题语境，割裂的学习活动容易造成学生思维和语言表达的碎片化，过多的细节问题会增加学生的认知负荷。"① 其次，阅读教学存在过多关注语言形式和信息提取技巧训练的倾向，英语阅读教学往往停留在知识获取，表层了解和策略技巧的训练层面，忽略了对文化意识和思维品质的培养。最后，阅读活动对语言和思维融合关注不够，导致思维和语言发展割裂，对文章的主题内涵挖掘不够，忽略语篇所承载的主题内容和意义的学习和表达。这也是阅读理解中的主旨大意题和最优题目题对学生而言难度最大的原因。

  主题意义的探究是培养学生语篇意识，把握文章大意，培养学生文化意识，发展学生思维品质的重要途径。在主题意义探究过程中，学生通过分析问题和解决问题，梳理、概括信息，建构新概念，分析、推断信息的逻辑关系，从而得到逻辑思维、批判性思维和创造性思维训练。

  基于主题意义探究的阅读教学使英语教学回归语言教育的本质——学科育人，而不只是词汇和语法知识的教授。它有利于促进学生对语言所承载的文化知识和文化内涵的深度学习，改变英语教学只关注语言形式和信息提取技巧训练的倾向，避免让英语教学停留在知识获取，表层了解和策略技巧的训练层面，避免英语阅读教学的碎片化、表层化和模式化，充分体现英语课程人文性和工具性的结合，真正落实培养学生核心素养和落实"立德树人"的根本任务。

  因此，为解决阅读教学碎片化、表层化和模式化的问题，笔者结合日常教学实践和理论学习总结了基于主题意义探究的阅读教学的设计思路，并以人教版高中《英语选修9》Unit 1 *The Road is Always Ahead of You* 为案例，探讨如何以主题意义探究为核心，整合不同阅读活动，引导学生理解，内化和外化主题意义，实现深度学习，发展学生的英语学科核心素养。

三、基于主题意义探究的阅读教学设计

  基于主题意义探究的阅读教学设计是指阅读教学以主题意义为核心和主线，基于语篇承载的语言知识和文化知识，整合课程内容的六要素，灵活设计和整合学习理解类，应用实践类和迁移创新类学习活动，引导学生探究意

---

① 李宝荣. 基于主题意义开展英语阅读教学的思路与策略［J］. 英语学习（教师版），2018（11）：5-7.

义，促进学生对主题意义的理解，内化和外化，以达到促进学生语言知识和语言技能整合发展，文化意识不断增强，思维品质不断提升，学习能力不断提高的目标。

基于主题意义探究的阅读教学设计的第一步和前提是深入分析语篇，解读语篇的主题意义，包括三个方面的解读：what，why，how。What 是指语篇的主题和内容是什么？Why 是指作者或说话人的意图、情感态度或价值取向是什么？How 是指作者如何选择文体形式、语篇结构和修辞手段来表达主题意义？这些问题构成了阅读教学的核心内容，是进行合理阅读活动设计的基础。

基于主题意义探究的阅读教学设计第二步是设计和整合学习理解类、应用实践类和迁移创新类活动，层层推进，引导学生进行对主题意义的理解，吸收和运用。学习理解类活动让学生通过梳理、概括和整合信息，探究语篇的主题意义，形成新的知识结构；应用实践类活动让学生通过描述、阐释、分析和判断等方式内化主题意义和新的知识结构，把知识转化为能力；迁移创新类活动让学生在新的情境中使用新的知识结构进行推理和论证，批判和评价，想象和创造，从而实现深度学习，把能力转化为素养。

基于主题意义探究的阅读教学活动设计应该要注意联系学生生活实际，建立起语篇的主题与生活的密切关联，让学生在"人与自我""人与社会"和"人与自然"三大主题下，认识自我，认识社会，认识自然，体验不同的生活，丰富人生的人生阅历和思维方式，逐步树立起正确的人生观、价值观和世界观。基于主题意义探究的阅读教学活动设计还应该注意结合自主学习、合作学习和探究学习，一方面激发学生的学习能力，提高学生的课堂活动的参与度，促进学生间的交流学习，另一方面培养学生的自主思考能力，提高学生的合作能力和人际交往能力，帮助学生学会学习，增强学习能力。

四、基于主题意义探究的阅读教学设计案例

（一）*The Road is Always Ahead of You* 阅读教学设计

（1）课型：新授课，阅读课。

（2）教学对象：广东省湛江市某中学高三（4）班学生。

（3）课时：2 课时（每课时 40 分钟）。

（4）课题：人教版高中《英语选修 9》*Unit 1 Breaking Records* 的主题阅读 *The Road is Always Ahead of You*。

（5）选用教材：人教版高中《英语选修 9》。

(6) 主题语境：人与自我——挑战自我，打破纪录。

(7) 语篇类型：记叙文。

(8) 语篇研读。

首先是 What。课文是一篇记叙文，介绍了拥有最多吉尼斯纪录的传奇人物 Ashrita Furman。他打破吉尼斯纪录的运动不是严格意义上的体育项目，但其难度和对综合素质的要求丝毫不亚于传统的体育项目。文章主要由四部分组成，Ashrita Furman 的简介和成就，Ashrita Furman 挑战吉尼斯纪录的成就，他的成长经历以及获得这些成就的精神动力。

其次是 Why。课文的文本话题归属于人与自我中挑战自我的主题。文章通过介绍吉尼斯纪录保持者 Ashrita Furman 不断挑战自我，不断打破吉尼斯纪录的故事，突出了其"路永在前方"的信念，展示了人类潜力无限，不断突破自我的精神，激励学生认识到自己的潜力，找到精神动力的源泉，实现梦想。人们在努力过程中有可能接收到内在或外在的暗示，认为前路漫漫，肯定无法再坚持下去，于是很多人选择中途放弃；而 Ashrita 用自己的经历证明，精神力量也是身体力量的推动力，成功的关键在于打破"我不行"的心理暗示，让意念和身体统一，从而走上成功之路。

最后是 How。课文的 4 个部分之间环环相扣：先介绍了 Ashrita Furman 的成就；再点出 Ashrita Furman 的成就来之不易，这些非传统运动项目一方面要面临他人的嘲笑，另一方面也对体质、力量有极高的要求，考验人的决心和意志；然后点出 Ashrita Furman 其实不是天生的运动员，介绍了 Ashrita Furman 成为运动员的经历；最后自然而然地引出改变他和支撑他的精神信仰——"There is only one perfect road. It's ahead of you, always ahead of you"。"总—分"结构和过渡句的使用使得文章条理清晰，结构分明，主题意义突出。

在语言表达方面，本课文使用了举例子、列数据、描述性的语言、间接引语等手段，生动、形象、具体地描述了事实信息并反映了人物的性格和精神品质，使人印象深刻。文中还含有 4 幅插画，分别展示 somersaulting、doing gymnastic lunges、jumping jacks 和 deep squats 来帮助学生理解 Ashrita Furman 所做的非传统体育项目。

(二) 学情分析

本节课授课对象为广东省湛江市某中学高三（4）班学生，他们的英语基础比较扎实，学习态度较认真。大部分学生学习热情高，通过阅读获取信息的能力较强，已基本具备在阅读中获取细节信息的能力。但在解读主题、理解文章结构、理解和整合知识、逻辑推理和分析论证观点，以及批判评价方面的能力都比较欠缺。由于学生多来自县镇学校，大多数学生不能用英语自信地表达观点，害怕说错答案会被老师或同学笑话，在英语课堂上回答问题不够主动，声音很小，不够自信。

在相关知识储备方面，学生对 Ashrita 的事迹和精神信念了解甚少。此外，虽对吉尼斯纪录有一定程度的理解，但对吉尼斯纪录的精神也了解甚少。词汇方面，学生已经在本单元前一节中积累了关于这些非传统体育运动的词汇和知识。

（三）教学目标

通过本文学习，学生能够达成以下目标。

（1）通过快速浏览文章获取文本的基本信息和理解文章大意。

（2）通过辨别语篇中的显性衔接和连贯手段，把文章分成 4 部分，并说出每部分之间的联系和对于呈现主题的作用，进而理解文章结构和主题。

（3）理解题目"The Road is Always Ahead of You"蕴含的人的潜力无限，永不放弃的精神。

（4）理解 Ashrita Furman 把打破吉尼斯纪录作为自己终身事业，学习他挑战自己，超越自己的运动精神，并用之鼓励和指导自己的面临生活中的挑战，比如在跑步两圈后觉得累想要停下时学会鼓励自己继续跑下去，坚持到最后。

（5）联系个人生活，就人的潜力和人生目标谈谈自己的看法。

（6）能够运用课文的语言知识，对人物进行描述和评价，能够欣赏人物不断挑战极限，超越自我的优秀品质，积极向上的人生态度。

（四）教学重难点

（1）通过概括分析，把文章分段，理解文章的主题和意义。

（2）运用本节课所学的语言知识，对人物进行描述和评价。

（3）根据对 Ashrita Furman 的信念的理解，制作海报，勉励高三学子挑战自我，圆梦高考。

（五）教学方法和资源

（1）讲授法、任务驱动法、合作探究法结合。

（2）教材、多媒体课件、图片、网络资源、黑板和粉笔。

（六）教学过程①

1. Step 1：Lead – in（语境导入，5分钟，CW）

T presents some pictures about doing the following activities: hula hooping, pogo stick jumping, doing jumping jacks, somersaulting, standing on a Swiss ball, doing lunges, and asks Ss to identify them.

Ask Ss (2~3 students) the following questions:

(1) What do you think of these sports? Fun or funny? Tiring or easy?

(2) Can you imagine that someone has broken many Guinness Records by doing these activities?

Introduce Ashrita Furman and presents the following questions:

(1) Ashrita Furman devotes his whole life to breaking Guinness records by doing these unconventional sports. Do you think his life is meaningful? What do you want to know about him?

(2) Judging from the title and the four illustrations, what might the text talk about Ashrita Furman?

步骤一的设计意图包含两个方面。

(1) 利用图片创设语境，抛出问题引发学生思考，激活学生已有的知识和经验，进而引起学生对主人公Ashrita Furman的好奇和对文章的阅读兴趣。

(2) 通过语篇标题和插图信息推测语篇内容。

2. Step 2：Skimming（扫读大意，3分钟，IW）

T asks Ss to skim the text and tick the topics about Ashrita Furman that is covered in the text, and to see whether their predictions are right. Topics are:

(1) physical skills needed for events

(2) number of records broken

(3) his family life

(4) kinds of records broken

(5) why he became sportsman

(6) countries he likes best

(7) place and date of birth

---

① 在这部分中，IW为Individual Work的缩写、GW为Group Work的缩写、CW为Class Work的缩写、T为Teacher的缩写、Ss为Students的缩写。

(8) his occupation

(9) his education

(10) his first Guinness record

Invites one student to share his answer (if necessary, two students are invited).

步骤二的设计意图包含两个方面。

(1) 让学生带着问题扫读文本，培养学生获取大意的能力和带着问题进行阅读的习惯。

(2) 呼应导入环节对文章的预测，为下一环节划分段落结构做铺垫

步骤二的核心素养提升点包含两个方面。

(1) 学习能力：认知策略培养：通过快速浏览获取篇章大意。

(2) 语言能力：获取、概括信息。

3. Step 3：Working the structure（文本解读，10 分钟，IW）

(5 分钟) T asks Ss to read the passage again and divide the passage into four parts, and then summarize the main ideas of each part with the help of logic words and phrases.

(5 分钟) T asks one to two students to share his/her answers and explain why.

(3 分钟) Draw Ss's attention to see how logic words and phrases work to divide the passage.

步骤三的设计意图包含三个方面。

(1) 训练学生通过辨别语篇中的显性衔接和连贯手段，辨别语篇中的过渡句，对文章进行分段，从而理解文章结构和主题

(2) 帮助学生梳理文章结构，形成结构化知识，为学生理解主题做铺垫

(3) 训练学生表达观点，并用证据（supporting sentences）来论述观点的能力

步骤三的核心素养提升点是认知策略培养，通过语篇中的核心词、代词等，理解段落或句子之间的内在衔接。

4. Step 4 Discussion：understanding the structure（15 分钟，GW）

T asks students to discuss the following questions and find supporting sentences from the text.

(1) How is part 2 organized? What is function of part 2? Can it be deleted out of the text?

（2）What function does the first sentence of paragraph 9 serve?

（3）How is the title connected to the text? What does the title mean by the road is always ahead of you? Is there a never-ending road in real life?

步骤三的设计意图包含四个方面。

（1）让学生带着问题进行阅读，提取信息，内化语言。

（2）结合文章题目，首尾段落理解文章主题，把握作者写作意图。

（3）引导学生关注段落之间的逻辑关系，关注主题句的使用，增强学生的语篇的意识和语篇理解能力。

（4）小组讨论培养学生的合作学习能力。

步骤四的核心素养提升点包含两个方面。

（1）思维品质：梳理、概括信息，建构新概念，分析、推断信息的逻辑关系，培养逻辑性思维。

（2）学习能力：自主学习；合作学习。

5. Step 5：Discussion（15 分钟，GW）

T asks Ss to work in a group and discuss the following questions：

（1）List some things in your life that might cause laughter but are well worth doing.

（2）Do you agree with the following beliefs of Ashrita Furman? Why or why not? Have you seen these beliefs work in our daily life? Or do you think they actually work in our real life? Support your opinion with reasons or examples.

Show students an interview of Ashrita Furman and a small passage where he talks about his commitment to breaking Guinness from his website to help students understand his commitment to breaking records：nothing is impossible when we believe in ourselves and pay enough hard work and determination.

Summary. Using the example of Ashrita Furman, encourage Ss to believe in themselves and bravely pursue their college dreams even when being laughed at or doubted.

步骤五的设计意图包含三个方面。

（1）通过阐释、分析、判断等活动，实现对结构化知识和主题意义的内化，巩固新的知识结构，助力学生将知识转化为能力。

（2）在学生理解 Ashrita Furman 不怕嘲笑，不断挑战自我，"路永在远方"的精神后，引导学生反思生活中有哪些事情是自己想做、值得做但可能别人会笑话的（如害怕回答错问题而不敢主动举手回答问题，害怕英语发音不准而不敢开口说或朗读英语，害怕自己问的问题太简单而不敢在课后问老师问题和害怕自己的大学梦被嘲笑等）。通过联系生活情境，加深学生对主题的理解，鼓励学生向 Ashrita Furman 学习，不怕他们嘲笑，勇敢做对的事、值得做的事和追逐自己的大学梦想。

（3）通过网络资源展示 Ashrita Furman 的近况，让学生真真切切感受到 Ashrita Furman 不只是教材里的一个榜样人物，而是活生生的人——从 1979 年到现在他已经打破了 700 多项吉尼斯纪录，仍然保持着 200 多项纪录，是打破吉尼斯纪录最多的人，从而使得 Ashrita Furman 的事迹更有感染力，更能触动学生的心灵。同时也启发学生借助网络资源和信息技术辅助学习。

步骤五的核心素养提升点包含三个方面。

（1）思维品质：正确评判各种思想观点，创造性地表达自己的观点。

（2）学习能力：自主学习；合作学习；多渠道获取学习资源。

（3）语言能力：整合运用语言进行表达。

6. **Step 6**：**Voicing comments**（评述人物，10 分钟，IW）

T asks students to voice opinions on Ashrita Furman.

（1）How do you understand Ashrita Furma devotes his whole life to breaking Guiness records by doing these "funny" activities? Use some words to describe his characteristics and personalities

（2）What about him impresses you most? What can you learn from him?

Invites 5 students to share their opinions

步骤六的设计意图，是铺设支架，帮助学生表达自己的看法，达到语言输出能力的培养，进行互动交流，迁移创新。

步骤六的核心素养提升点包含三个方面。

（1）语言能力：训练理解和表达想法和感受的能力。

（2）学习能力之情感策略：对学习和人生保持主动和积极的态度，相信通过努力一切皆有可能。

（3）思维能力：批判性思考。

7. **Step 7**：**Make a poster**（20 分钟，GW）

T Asks Ss to finish the task in a group.

To encourage Senior 3 students to work hard and chase their college dream, the school is holding a poster competition. Please make a poster with the theme of "Nothing is impossible" or "The road of is always ahead of you" to take part in the competition.

To ask Ss to share their posters：each group choose a representative to give a brief introduction of their own poster.

Paste the posters on the walls of the classroom as reminders of them to believe in themselves, keep moving forward and chasing their dreams.

步骤七的设计意图,是创设新语境,通过任务驱动——为高三学生制作励志海报,促使学生综合运用语言技能,进行多元思维,在新的语境中表达主题意义,使能力向素养转化。

步骤七的核心素养提升点包含两个方面。

(1)语言能力:整合运用所学语言知识,有效使用书面语表达意义;探究、合作学习。

(2)思维品质:创造性思维。

8. Step 8:Summary & Homework(2分钟)

T guides students to conclude that Ashrita Furman's "never–stop–moving–forward" spirit is well worth learning and respect.

Choose either of the following homework:Option 1 is a basic one while Option 2 is an advanced one. Whichever you choose, try to use the expressions and writing skills you have learnt.

(1)Option 1:Write a 150-word introduction of Ashrita Furman.

(2)Option 2:Write a 150-word introduction of a person that you admire or respect greatly.

步骤八的设计意图包含四个方面。

(1)分层布置作业,适合不同学生的学习能力。

(2)人物写作使学生内化所学的词汇知识和写作手法并做出人物评价。

(3)呼应本板块的学习活动情境,让高层次的学生迁移所学。

(4)引导学生关注优秀品质、树立正确的人生态度,回归到"人与自我"的主题,达到"学科与人"的效果,落实"立德树人"的教育目的。

步骤八的核心素养提升点包含两个方面。

(1)语言能力:整合性运用英语语言知识,陈述事件,传达信息;表达个人观点和情感,体现意图、态度和价值取向。

(2)思维品质:理性思考、客观评判。

五、板书设计

Ashrita Furman
{
a brief introduction and the achievements of Ashrita Furman
how he broke records with enormous strength and determination
how he came to be a Guinness record breaker
his belief: the road is always ahead of you
}

六、小结

初读文本，学生对 Ashrita Furman 其人其事并不感兴趣，接着在思考 How is the title connected to the text? What does the title mean by the road is always ahead of you? Is there a never-ending road in real life? 时，学生先是一脸茫然，带着问题细读文本，讨论交流后，学生理解了 Ashrita Furman 不断挑战极限的精神，对 Ashrita 充满了好奇和敬佩之情。随后理解了文章的主旨——相信自己，超越自我，一切皆有可能。由此可见，基于主题意义探究的问题不仅可以引起学生对话题的兴趣，启发学生思考，还可以引导学生树立起正确的价值观、人生观和世界观。在应用实践类活动中，学生思考自己生活中有哪些值得做但害怕他人嘲笑的事，比如课堂上提问或回答问题，在走廊大声朗读背书或说出自己理想大学等，在思考过程中不知不觉被 Ashrita Furman 的勇敢挑战自己的精神鼓舞，得到挑战自我，筑梦高考的精神力量。接着在迁移创新类活动——评述人物和制作海报的环节，学生用口头语言和书面语言表达自己对 Ashrita Furman 的看法，传递 Ashrita Furman 的不断挑战自己和极限的精神，实现了从能力到素养的转化。

本节阅读课以主题意义探究为主线，通过学习理解类、应用实践类和迁移创新类活动的整合，使学生在主题意义探究过程中，经过自主思考和合作交流，实现了对语篇整体结构、深层内涵的理解。本节课还通过联系生活实际设计问题和情景，把语言与内容的学习结合起来，帮助学生实现了主题意义的内化和运用，促进学生语言能力、文化意识、思维品质和学习能力的融合发展，达到了培养学生核心素养的目标。

在今后的教学实践中，笔者还将继续探索如何更有效地进行基于主题意义探究的阅读教学，并在实践中总结反思，不断改进，落实并发展核心素养，体现英语学科的育人价值。

第三章 基于英语学习活动观的
高中英语阅读教学设计一

——以人教版高中《英语选修 9》 Unit 3 Australia Reading 的主题课文 Glimpses of Australia 为例*

一、引言

英语学习活动观是发展学生核心素养、落实立德树人任务的重要理念之一。英语学习活动观提倡通过三类活动的设计,即基于语篇的学习理解类活动、深入语篇的应用实践类活动和超越语篇的迁移创新类活动三种活动,提高学生的思维品质和学习能力,培养学生英语学科的核心素养。

阅读课作为英语教学的主要课型,是发展学生思维品质、提升学生核心素养的主要途径。然而很多高中英语阅读课注重语言点的教学,忽视深层次多方位地挖掘文本信息,因此,处于浅层次的阅读状态,获得的知识呈碎片化状态[1]。教育部提出并且强调英语学习活动观,要求教师在一系列综合性、关联性和实践性的英语学习活动中,使学生进行深度学习,培养学生的学用能力。[2] 本章着重探索在英语学习活动观的指导下,如何进行阅读课的教学设计,以实现思维品质、文化意识、语言能力和学习能力核心素养的落实。

---

* 本章由岭南师范学校附属中学陈丹恒执笔。

[1] 王蔷. 核心素养背景下英语阅读教学:问题、原则、目标与路径[J]. 英语学习,2017,(02):19-23.

[2] 教育部. 普通高中英语课程标准:2017 年版[M]. 北京:人民教育出版社,2018.

二、英语学习活动观的内涵和特征

英语学习活动观即学生在主题意义的引领下,通过学习理解、应用实践、迁移创新等一系列体现综合性、关联性和实践性等特点的英语学习活动,使学生基于已有知识,依托不同类型的语篇,在分析问题和解决问题的过程中,促进自身语言知识学习、语言技能发展、文化内涵理解、多元思维发展、价值取向判断和学习策略运用。这一过程既是语言知识与语言技能整合发展的过程,也是思维品质不断提升、文化意识不断增强、学习能力不断提高的过程。[①]

高洪德指出,学习活动观有三个基本特征:首先,学习活动目标指向学科核心素养发展——英语学习活动要架起英语课程内容和课程目标之间的桥梁,在活动中落实课程内容,通过活动实现语言知识和语言技能的发展、文化意识的增强、思维品质的提升以及学习能力不断提高的目标。其次,重视课程内容的整合性学习,即以主题意义为中心,依托具体的语篇,设计具有综合性、关联性和实践性特点的学习活动,使课程内容诸要素在学习活动中融通、互动、渐变,综合协调发展,最终实现核心素养的整体发展。最后,有体现外语学习特点的认知和运用维度:一是学习理解类活动,这指的是基于语篇获取信息,感知语言意涵及其价值取向;二是应用实践类活动,是内化所学知识和技能等形成语言运用能力的过程;三是迁移创新类活动,是运用所学知识和技能创造性地解决陌生情境中的问题,促进能力向素养转化的过程。[②] 不难看出,学习活动观并非某种固定的活动模式,而是一种相对宏观的学习途径。活动观的关键要义是以发展学科核心素养为目标。

王蔷等专家基于英语学习活动观设计了英语学科能力的九要素,由活动观对应的三大类活动包括了三个一级指标,每类指标对应三个二级指标。在设计阅读教学活动时,可以依据这几个指标设计相应的问题,组成相应的活动[③](如图 3-1 所示)。

[①] 教育部. 普通高中英语课程标准:2017 年版 [M]. 北京:人民教育出版社,2018.

[②③] 王蔷,赵连杰,鲁美芸,等. "中小学生英语学科能力表现框架"在英语教学和测评中的应用 [J]. 英语学习,2018,(2):17-26.

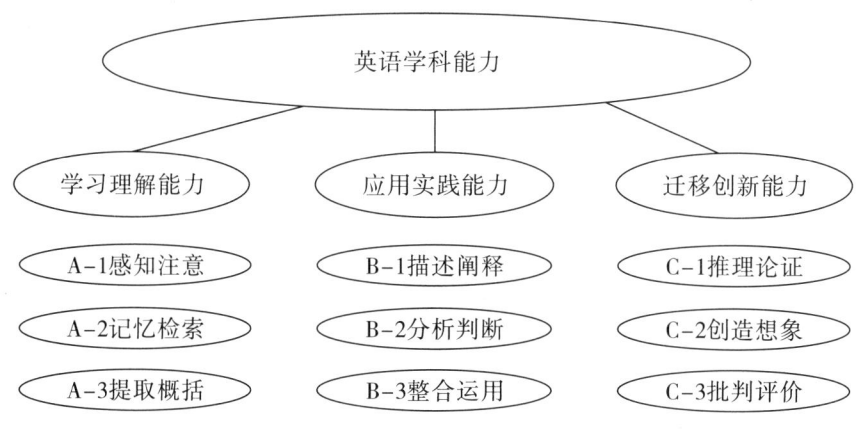

图 3-1　英语学科能力几要素

教育部指出，学习理解类活动主要包括感知与注意、获取与梳理、整合与概括等基于语篇的学习活动。① 应用实践类活动主要包括描述与阐释、分析与判断、内化与运用等深入语篇的学习活动。迁移创新类活动主要是推理与论证、批判与评价、想象与创造等超越语篇的学习活动。

三、基于英语学习活动观的高中英语阅读教学设计实例

本章以人教版高中《英语选修 9》Unit 3 Australia 的阅读为例进行教学设计并分析。本课的阅读文章由五篇主题相同却风格各异的短文组成，从多角度对澳大利亚进行了介绍。

（1）第一篇简要概括了澳大利亚的国家全貌，语言简练而平实，信息量比较大，符合百科全书式的风格。

（2）第二篇从文字编排特点上，能很容易地判断出是一篇新闻报道。做出这种判断的原因包括：①板块小而信息含量丰富；②标题为省略句；③主题句用黑体字引起注意；④引用权威人士的话增加可信度。

（3）第三篇是一则旅游广告，它用独特的波浪式标题设计吸引读者注意，用对仗的语言及大写的 TRAIN 引起读者对乘坐火车游览澳洲的兴趣。同时，该篇还运用第二人称叙述、祈使句、能引起人们美好联想的词语（如 unique, superb, fascinating, spectacular, splendor）等语言特点达到其广告宣传的效果。

（4）第四篇是旅游明信片，明信片上一般写有自己在当地的所见所感，下一步的旅行计划或回程安排等。语言自然随意，符合一般的信件格式。

（5）第五篇取自旅游手册，介绍 Hobart 周围的景点——摇篮山国家公

---

①　教育部. 普通高中英语课程标准（2017 年版）[M]. 北京：人民教育出版社，2020.

园。短短几句话里包含了"什么地点、因何出名、如何到达"等信息,语言简单朴实,实用性强。

这篇文章能让学生充分了解澳大利亚的历史、地理位置、主要城市和自然风光,通过阅读学习、感知、分析等过程培养学生的思维能力和跨文化意识。笔者将从基于语篇的学习理解类活动,深入语篇的应用实践类活动和超越语篇的迁移创新类活动三种活动方式对进行教学设计并且加以分析。

(一) 基于语篇的学习理解类活动

学习理解类活动主要包括感知与注意、获取与梳理、概括与整合等基于语篇的学习活动。教师应围绕主题创设情境,激活学生已有的知识和经验,铺垫必要的语言和文化背景知识,引出要解决的问题。①

1. 感知与注意

多媒体课件的使用能够调动学生多感官协同运作,提高学生的学习效率。在网络信息化时代,教师应充分利用多媒体技术,以图文并茂的课件以及与主题相关的音视频更好地呈现信息,激发学生的好奇心和求知欲。同时,导入环节的设问应简单明了,贴合学生的实际水平,帮助学生缩小已有认知和文本信息之间的差距,形成合理的阅读预期。

在导入环节,笔者向学生展示了澳大利亚几座城市的图片及澳大利亚的地图。

(1) 任务一:看图说话,辨认地名。说出与每个图片相对应的地名(如图3-2所示)。

图3-2 辨认地名

---

① 教育部. 普通高中英语课程标准:2017年版 [M],北京:人民教育出版社,2018.

（2）任务二：地图填空。在澳大利亚地图上找出各个地名所在的位置（如图3-3所示）。

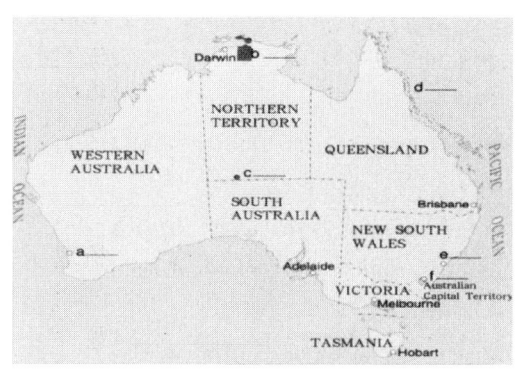

图3-3 地图填空

（3）任务三：讨论延伸。

三个任务的设计意图，是通过几幅画引出澳洲的几大城市和著名的风景点，要求学生说出与各幅图片相对应的地名。然后，学生在澳洲地图上找出各个地名所在的位置。练习按照"看图（picture reading）—单词（word reading）—看地图（map reading）"的顺序，由易到难，由具体到抽象，帮助学生一步一步熟悉主题，深入主题。在这几处地名中，既有学生熟悉的悉尼（Sydney，悉尼歌剧院）、堪培拉（Canberra，澳大利亚首都）、大堡礁（Great Barrier Reef，世界最大的珊瑚礁群），也有不太熟悉的珀思（Perth，西澳大利亚的首府）、卡卡杜（Kakadu，卡卡杜国家公园）、乌卢鲁（Uluru，艾尔斯岩的土著别称）。熟悉的图片和地名可以引起学生对单元主题的兴趣，而不熟悉的图片和地名则可以激发学生探索的动机。第三个步骤为自由讨论，教师引导学生与同伴交流进一步加深对这些地方的了解，并且可以引出与后面阅读课文相关的词汇和背景知识，如：state, ecology, world heritage sites, tourism, wildlife, spectacular landscape, unique scenery 等，为下文的学习做好铺垫。

2. 获取、梳理与整合

教师在设计阅读教学活动时，要引导学生在解决具体问题的过程中，通过一系列学习理解类活动来获取、梳理和整合相关的语言知识，实现对主题意义的探究。"学生对主题意义的探究是学生学习语言的最核心内容。通过对主题语境的理解和对主题意义的探究，学生把语篇中所呈现的语言知识和文化知识整合起来进行学习，通过语言技能和学习策略运用等活动的开展，在分析问题和解决问题的过程中发展语言能力、文化意识、思维品质和学习能力。"①

笔者首先要学生快速浏览文章，找出五篇短文的共同主题，然后找出每一篇侧重介绍澳大利亚的哪一个方面（如景点，动物，政治等）。

(1) Step 1：Read for general ideas.

Q1：What topic is common to all five texts?（All five texts are about some aspect of Australia.）

Q2：What aspect of the topic is discussed in each text?

Text 1：A general description of the physical features and ecology of Australia and its political organization.

Text 2：A citizenship ceremony on Australian Day.

Text 3：Two major journeys across the length and breadth of Australia.

Text 4：Uluru.

Text 5：Cradle Mountain National Park.

学生在通过略读（skimming）找出文章讨论的主题后，为了让学生充分了解澳大利亚的概况，笔者围绕主题提出了一些关于澳大利亚的事实细节问题，使学生在阅读课文、回答问题的活动中，获取相关信息。

(2) Step 2：Read for detailed information.

Q1：Where do most Australians live?

Q2：In what city do federal politicians work?

Q3：How many people live in Australia?

Q4：When is Australia Day?

Q5：How far is it from Perth to Sydney?

Q6：How many World Heritage Sites are there in Australia?

Q7：Which Part of Australia gets the most rainfall?

Q8：Why do most people choose not to climb Uluru?

Q9：What two World Heritage Sites are named in these texts?

步骤一的设计意图，主要训练的是学生的"略读（skimming）"技巧。首要求学生回答五篇短文的共同主题是什么，暗示学生这五篇短文都是围绕同一个主题展开的。第二小题要求学生进一步缩小短文的主题范围，回答每一篇侧重介绍澳大利亚的哪一个方面（如景点，动物，政治等）。教师可以通过引导学生关注文章标题及课文插图，帮助学生把握理解关键信息，定位

---

① 梅德明，王蔷. 普通高中英语课程标准（2017 年版）解读［M］，北京：高等教育出版社，2018.

目标信息，提高阅读效率。

步骤二的练习与步骤一相呼应，也是要求学生快速阅读课文，旨在训练"寻读（scanning）"技巧。在问题链的引导下，学生快速阅读全文，获取信息：大部分澳大利亚人住在哪，政府所在城市，澳大利亚人口，澳大利亚日，从 Perth 到 Sydney 的距离，澳大利亚降水量最多的地方，澳大利亚世界遗址数量，人们不爬 Uluru 的原因及文中提到的两处世界遗址。学生在阅读文章及回答问题的过程中，不断增加对主题的了解。

（二）深入语篇的应用实践类活动

应用实践类活动主要包括描述与阐述、分析与判断、内化与运用等深入语篇的学习活动，即在学习理解类活动的基础上，教师引导学生围绕主题和所形成的新的知识结构开展描述、阐释、分析、判断等交流活动，逐步实现对语言知识和文化知识的内化，巩固新的知识结构，促进语言运用的自动化，助力学生将知识转化为能力。①

1. 描述与阐述

在学生快速阅读完文章后，基本上掌握了澳大利亚的一些基础信息后，笔者要求学生仔细读课文，标出自己以前不了解的一些关于澳大利亚的信息，列出其中最有意思的五项，并与小组成员交流分享。

这个练习从形式看比较简单，设计意图上，要求学生在理解文章的基础上，找出最有趣的信息，并用自己的语言跟同伴交流，它能让学生主动加工文中信息，从认知层面（辨认）提升到思维层面（思考）。从而把书本上的知识纳入自己的知识体系，训练了学生整合运用语言进行表达、描述阐释意义的能力。

2. 分析与判断

本篇阅读文章由五篇来源不同的短文构成，文章大多是陈述性或描述性的语言，基本上没有表达个人观点（第二篇中有少量）的语句。为了发展学生的思维品质，提升学生的语言运用能力，笔者设计了"读后讨论，探究事实背后的原因"的教学活动，并提出以下问题。

Q1：What kind of people do you think make Australia their home?

Q2：Each year large numbers of people become Australia citizens. Why do

---

① 教育部. 普通高中英语课程标准：2017 年版［M］. 北京：人民教育出版社，2018.

you think they choose to become citizens?

Q3: When do you think travelling by train across Australia would be appropriate and when do you think travelling by plane would be more suitable? Give more than one reason.

Q4: In what part of Australia do you think most agriculture take place? Give reasons.

Q5: Why do you think the population of Australia is so small when it is such a large country?

Q6: Choose five words or phrases to describe Australia.

这个练习借用文中提到的一些事实发问，设计意图上，以激发学生对文章内容的深层思考，引导学生筛选、分析、整合文本信息，要求学生有理有据地说出自己的观点，促使学生深入文本、理性思考，由此推动思维能力的发展。

3. 超越语篇的迁移创新类活动

迁移创新类活动主要包括推理与论证、批判与评价、想象与创造等超越语篇的学习活动，即教师引导学生针对语篇背后的价值取向或作者态度进行推理与论证，赏析语篇的文本特征与修辞手法，探讨其与主题意义的关联，批判、评价作者的观点等，加深对主题意义的理解，进而使学生在新的语境中，基于新的知识结构，通过自主、合作、探究的学习方式，综合运用语言技能，进行多元思维，创造性地解决陌生情境中的问题，理性表达观点、情感和态度，体现正确的价值观，实现深度学习，促进能力向素养的转化。[1] 迁移创新类活动的重点在于"新"。教师应着力创设新情境，在真实、具体的语境中连接新旧知识点，促进知识和技能的迁移，引导学生创造性地解决问题。[2]

（1）推理与论证。本篇文章由五个风格各异、来源不同的小短文构成。学生对文章风格及来源的掌握是本篇阅读教学的重点。以 Text 3 为例，笔者提出了以下问题。

Q1: What attracts you most in Text 3 at first sight? Why?

Q2: How does Text 3 differ from the previous texts in term of its structure and language?

---

[1] 教育部. 普通高中英语课程标准：2017 年版 [M]，北京：人民教育出版社，2018.

[2] 鲁诗嘉. 基于英语学习活动观的初中英语报刊阅读教学实践 [J]. 中小学外语教学（中学篇），2020（10）：36–41.

问题 1 的设计是为了让学生关注标题。标题用了独特的波浪式设计吸引读者，用对仗式的语言以及大写的 TRAIN 引起读者对乘坐火车游览澳大利亚的兴趣。问题二引导学生去分析文章的结构及语言特点。该篇用了第二人称叙述、祈使句、能引起人们美好联想的词语（unique，superb，fascinating，spectacular，splendour）等语言特点达到广告宣传的效果，因此是一则旅游广告。

思维的逻辑性是指在思维过程中有根有据、条理分明、层次清晰、前后连贯一致。[①] 在设计意图上，以分析文章特点、辨别文章来源的活动有利于发展学生的逻辑思维，加深学生对文章的理解。学生在阅读过程中需要将零散的信息条理化，运用聚合思维归纳信息。在分析、推理与论证等心智活动中，学生的思维品质和策略运用能力不断提高。

（2）想象与创造。思维品质的发展有助于提高学生分析问题和解决问题的能力。为培养学生思维的创新性，教师要善于将现实问题引入课堂教学，创设有趣、有意义且富有挑战的社会生活情境。

笔者设计了一个小组活动，学生 5～6 人为一组，以家乡"湛江"为主题，迁移所学知识，模仿文章的五篇小短文的写作风格，写一篇关于湛江的整体介绍、制作湛江一日游的路线、制作介绍湛江某一景点的旅游小册或写明信片，并在课堂上呈现小组成果。

语言交际中意义的理解和表达必须要借助一定的语境或者情境，缺乏语境或情境的语言交际是无意义的，交流者无法达成交流的目的。[②] 在设计意图上，教师设计贴近学生生活的活动，一方面能够加深学生对于文章的理解，将所学化为所用，让学生有兴趣参与、有信心表达、有经验分享；另一方面也能够帮助学生在合作学习中积极思考、调控认知。

[①] 梅德明，王蔷. 普通高中英语课程标准（2017 年版）解读［M］. 北京：高等教育出版社，2018.

[②] 陆锋. 初中英语口语交际练习中的不足与对策［J］. 中小学外语教学（中学篇），2019（1）：29-33.

第四章　基于英语学习活动观的高中英语阅读教学设计二

——以人教版高中《英语选修 6》Unit 2 Poems 的主题课文 *A Few Simple Forms of English Poems* 为例*

一、引言

英语阅读能力是高中学生必须掌握的技能，努力提升学生的英语阅读能力是高中英语教学的最核心任务之一。阅读教学在整个高中英语教学体系中占据着极其重要的地位。英语阅读教学已经经历过多重改革，教学方式也日新月异，然而在各类教学实践中，由于教育理念及指导思想的落后，阅读教学存在各种问题。很多教师在教学设计时，忽略文本的研读，常常以讲授词汇与语法等为主，忽视了词汇背后的文化内涵、文本的深层意义，对文本结构、作者的情感态度和文本主题思想过少涉及。还有些教师在阅读教学中存在着大量碎片化的文本解读以及浅层次的阅读任务设计，使学生习得的知识呈现"碎片化"，阅读能力难以提高，进一步影响其写作能力的发展。

自《普通高中英语课程标准（2017 年版 2020 年修订）》（以下简称《课标》）颁布以来，基于学科核心素养的英语阅读教学越来越受到教师的关注。《课标》认为，对语篇的学习需要以探究语篇的主题意义为导向，分析语篇承载的丰富意义和内涵，分析具体语篇是如何布局和有效运用语言素材来建构其意义和内涵的。① 什么样的教学方式能够有效地完成这样的任务？

---

* 本章由湛江市爱周高级中学杨文执笔。

① 教育部. 普通高中英语课程标准：2017 年版 2020 年修订 [M]. 北京：人民教育出版社，2020.

《课标》提出了"指向学科核心素养发展的英语学习活动观,明确活动是英语学习的基本形式,是学习者学习和尝试运用语言理解和表达意义、培养文化意识、发展多元思维,形成学习能力的主要途径。"① 换句话说,英语学习活动观要求教师在教学实践中充分整合英语教学六要素,通过设计基于语篇主题情境和围绕主题意义探究的多层次、有针对性和连贯性的英语活动,创设能让学生分析问题和解决问题的学习环境,给学生提供学习英语和尝试使用英语的机会。

二、英语学习活动观的内涵

《课标》指出,"指向学科核心素养发展的英语学习活动观是指学生在主题意义引领下,通过学习理解、应用实践、迁移创新等一系列体现综合性、关联性和实践性等特点的英语学习活动,使学生基于已有的知识,依托不同类型的语篇,在分析问题和解决问题的过程中,促进自身语言知识学习、语言技能发展、文化内涵理解、多元思维发展,价值取向判断和学习策略运用。"② 遵循英语学习活动观,教师需要充分整合课程教学六要素,以语篇为依托,以主题为引领,将语言知识学习、文化内涵理解、语言技能发展和学习策略运用融合在学习理解、应用实践和迁移创新三类互相关联的语言与思维活动中。

三、阅读教学设计

阅读思维是一种心智活动,在教师引领下的课堂阅读是培养学生心智、提高学生思维水平的重要途径。阅读课的教学设计对学生思维的发展起着至关重要的作用。基于英语学习活动观这一指导思想,英语阅读教学应当秉承"文本解读是基础,主题引领是核心,活动设计是方法"的教学理念,创新教学设计、深挖教学内涵、丰富教学活动,突出核心素养、强化阅读能力,全方位展开教学实践运用。

阅读教学最基础的设计就是对文本的解读,教师对文本解读的合理性将直接影响到教学设计的有效性;从解读文本开始,提炼出文本的核心主题,选择最合适的教学突破点,让文本在主题引领下真正"立"起来;设置统整全篇、贯穿教学的轴心问题,承接文本教与学的认知连接;设计合理的教学活动,引领学生从字面阅读和理解性阅读过渡到深层次的评价性阅读和创造

---

①② 教育部. 普通高中英语课程标准:2017 年版 2020 年修订 [M]. 北京:人民教育出版社,2020.

性阅读，将主题思想吸收、主观应用实践以及创新思维迁移这三类语言与思维活动深度关联、有机融合。

（一）文本解读是基础

一堂好的阅读课离不开教师引导学生对文本进行多角度的解读。教师对文本的解读深度决定了教学的高度，也决定了学生思维的高度。教师只有深入阅读文本，在反复阅读的过程中形成对文本的深入感知、理解和评价，才有可能设计相应的教学活动，而对文本的深度解读主要应着力于对文本主题意义的探究、篇章结构的分析以及思想内涵的挖掘。①

对文本的解读不是自然而然的过程，是有章可循的思维活动。解读文本我们可以借用英语教育专家王蔷教授提出的"WHAT，WHY and HOW"的方法（简称"3W"法）。WHAT、WHY 和 HOW 是解读一般文本的三个关键角度：WHAT 指的是故事的主旨大意、主要内容；WHY 指的是作者通过故事想表达什么样的情感，其写作目的是什么；HOW 指的是作者是怎样表现情感和主题的，即写作方式是什么。

以人教版高中《英语选修6》第二单元阅读课 *A few simple forms of English poems* 为例，采用"3W"法进行解读

（1）WHAT。文章的题目"A few simple forms of English poems"表明了文章的内容，本文为说明文，介绍了四种简单易学的英文诗歌，并分别举例说明。文章符合说明文的特征，主题明确，结构清晰。

（2）WHY。本文通过介绍和说明诗歌的节奏、韵律、诗歌的设计特点以及创作诗歌的原则来帮助学生了解这一文学艺术形式。

（3）HOW。文字难度中等，重点词汇主要为介绍诗歌特点等的词汇，如 thyme、concrete、contradictory、flexible、tease、endless、syllable 等，并使用定语从句描述诗歌的特征。

通过以上解读，这篇课文的主题观点、立意基础、情感表达、脉络结构、写作方法一目了然。

（二）主题引领是核心

《课标》强调学科育人，英语课程应该把对主题意义的探究视为教与学的核心任务，并以此整合学习内容，引领学生语言能力、文化意识、思维品质和学习能力的融合发展。

主题意义的探究是在对文本进行了清晰解读的基础上进一步深入挖掘文

---

① 宋洁清. 初中英语深度阅读教学策略探析［J］. 中小学外语教学（中学篇），2020，(10)：9-14.

章主要内容和作者观点意图以及背后所隐含的价值取向。例如作者希望学生读过文章之后明白某个道理、树立积极的人生态度或者获取用来指导今后生活的理念等。

在教学设计时要充分挖掘特定主题所承载的文化信息和发展学生思维品质的关键点，将特定主题与学生的生活建立密切关联，开展对语言、意义和文化内涵的探究，特别是通过对不同观点的讨论，提高学生的鉴别和评判能力。同时，通过中外文化比较，培养学生的逻辑思维和批判性思维，引导学生建构多元文化视角。

为了更好地把握主题意义，挖掘文化价值，文本分析解读的最后一步是基于 WHAT、WHY 和 HOW 归纳出课文的主题意义。

以 *A Few Simple Forms of English Poems* 一课为例：文章主题意义归纳为，让学生欣赏并理解文中介绍的几种简单的英语诗歌，体会到诗人表达的思想感情；同时也能意识到诗歌作为一种文学形式，能寄托各种情感，促进人与人之间的沟通和交流；学会欣赏和理解，并创作诗歌，可以让学生在语言、文学、艺术等方面有所涉猎，得到不同层面的熏陶，有利于提高学生文化意识，提升综合素养，促进全面发展。

（三）活动设计是方法

正如英语教学课程总目标必须通过课程具体分目标的达成来实现，教学活动架起了课程目标与课程内容和之间的桥梁，在活动中落实课程内容，通过活动实现核心素养目标和课程总目标。

教学活动的设计要以挖掘主题意义为线索，要关注主线、突显主线，以解决问题为目的。在以主题意义为引领的课堂上，教师要基于语篇所提供的主题情境，通过创设与主题意义密切相关的语境，整合语言知识和语言技能的学习与发展各种有利条件，构建由信息获取与理解、梳理与加工、整合与内化、表达与交流、迁移与创新一系列结合语言、思维、文化为一体的学习活动，鼓励学生深入学习和大胆运用语言。

以 *A Few Simple Forms of English Poems* 一课的活动设计为例：教学前的"Brain storm"活动让学生感知到诗人写诗的原因有哪些；教学中开展"总结各类诗歌的特点"等属于学习理解、应用实践类活动，让学生理解每种诗歌的特点及每首诗歌表达的思想感情；而学习后的安排"诗歌创作"等属于迁移创新类活动，让学生在充分理解的基础上进行诗歌创作，把语言知识和能力、文化、审美、思想和情感等有机地结合在一起，丰富学生英语文化背景知识，帮助他们拓展视野，提高审美品位。

四、课例实践

以一堂人教版高中《英语选修6》Unit 2 Poems 的主题阅读 A Few Simple Forms of English Poems 实案课为例，展示遵循学习活动观导向下的英语阅读教学设计及实践。

（1）主题语境：人与社会——文学、艺术。

（2）语篇类型：说明文（其他语篇类别）——诗歌。

（3）选用教材：人教版高中《英语选修6》。

（4）课题：Unit 2 Poems 的主题阅读 A Few Simple Forms of English Poems。

（5）授课时长：两课时（每课时40分钟）。

五、教学实践①

（一）深度解读文本，挖掘主题意义，确定教学目标

1. 文本解读

从单元角度而言，本单元的主题是 Poems，本课属于 Reading and Comprehending 板块，此前学生已经通过 Warming up and vocabulary 板块积累了与诗歌相关的词汇和背景知识，本课主要是关于诗歌类型的了解和对诗歌的欣赏和创作，为随后的 Reading and discussing 板块作铺垫。

在体裁方面，本课文属于说明文，体裁特征明显，由标题、精美插图、引领段、正文、诗歌正文组成；标题 A few simple forms of English poems 简洁清晰，主题明确。

在选材内容方面，本课文的引领段说明了人们撰写诗歌的原因和目的，列出了两大理由：一是"tell a story or describe something in a way that will give the reader a strong impression"；二是"convey emotions"。同时，引出诗歌有很多不同的形式，正文介绍几种不同内容和形式的简单诗歌，以及每种诗歌的韵律、节奏、特点等。每个自然段介绍一种诗歌，每种诗歌附上1~2篇不等的例文，体现严密的行文逻辑。

文章选择了大家都喜欢且朗朗上口的"nursery rhyme"作为第一种诗歌

---

① 这部分中，CW 为 Class Work 的缩写，GW 为 Growp Work 的缩写，IW 为 Individual Work 的缩写。

类型，介绍了这类诗歌的特点是"common, concrete but imaginative, strong rhythm and a lot of repetition, may not make sense and even contradictory, but easy to learn and recite"。并给出了一篇节奏感非常强，大家耳熟能详的童谣帮助理解，是语言学习的有效手段。第二种诗歌类型是"list poems"。这种诗歌的特点是"list things, have a flexible line length and repeated phrases, some rhyme while others do not"。这种诗歌的随意性更大，灵活性更强，文中给出了两首清单诗，一首押韵一首不押韵，描述的都是生活中的事情，有点像小学生记流水式的日记。第三种是"chinquapin"，诗歌的特点是"made up of five lines"，从给出的两首五行诗可以看出，这种诗歌的特点是描写人物或者事物，给人很强的画面感，言简意赅，可以借助形容词或者动词来表达信息或传递情感。第四种诗歌类型是"Haiku"，这是一种日本形式的诗歌，它的特点是整首诗由17个音节组成，这种诗歌和五行诗一样，也通常用来描写人或事或景，给人很强的画面感。最后一种诗歌类型是学生最熟悉的"Tang poems（唐诗）"，并以唐代诗人王建《望夫石》的英文版为例，供读者欣赏。许多唐诗被译成英文，广为传诵。文章的末尾"It is easier than you might think and certainly worth a try！"呼吁读者在解了这么多种英文诗歌后，选择一种类型创作自己的诗歌。

在语言表达方面，本文使用了排比、举例子、作对比、描述性的语言、比喻、拟人、定语从句等手段，介绍了各种诗歌的特点，几首选择诗歌非常有代表性，生动、形象、具体地表达了诗人的思想感情，使人印象深刻。"总—分"结构和使得文章条理清晰，更好地表达主题意义。

2. 学情分析

本班学生学习态度认真，思维活跃，爱表达，学习积极性高，小组合作意识较强，但大部分学生英语基础一般，自主学习、梳理整合信息、获取信息的能力不高，对语篇的深度文本解读能力偏弱，用英语表达观点的能力也有待提高。

在相关知识储备方面，虽然在高中英语教材中第一次出现英文诗歌，但大部分学生在平常生活中接触过英文童谣，通过语文学科学习了大量的古诗。因此，诗歌话题对学生来说并不陌生。然而接触和熟悉是一回事，学生对各种诗歌分别具有什么特点并不清楚。此外，学生已经在本单元 warming up 板块学习中积累了关于本单元的词汇和知识。

3. 教学目标设置

基于对文本的深入解读以及学情分析，本课的教学目标设置如下。
（1）获取与梳理文中五种英文诗歌的特点（浅层阅读阶段，指向对信息的获取和整合)。

(2) 朗读、欣赏、理解课文中给出的 8 首英语诗歌,分析每首诗歌的韵律、意象、主题、语言形式和诗歌所表达思想感情(浅层阅读向深层阅读过渡,指向分析与理解信息)。

(3) 使用结构图梳理篇章结构,分析和欣赏说明文的文体特征和语言特点(深层阅读,指向篇章结构分析和写作意图的)。

(4) 通过小组合作的方式,进行诗歌创作,把握诗歌的韵律和主题(深度阅读,指向阅读后的迁移创新)。

(5) 通过对本节课诗歌韵律和主题的深刻理解,懂得欣赏英语诗歌,感受英语文学、文化之美(深层阅读,提升对文学的欣赏,审美品位)。

(二) 创设主题语境,创新学习活动,提升核心能力

高质量的阅读应当是循序渐进、逐步深入,经字面阅读到理解性阅读、批判性阅读最后到创造性阅读的逐层递进的过程。为了达到阅读的目的,教师需要在主题引领之下,通过创设主题语境,构建一系列有情境、有层次、多角度、相关联的学习活动,使学生读懂文本并汲取与话题相关的新语言知识;运用思维能力去概括、归纳、分析、判断作者的写作内容和写作意图;代入情感去阅读,理解文本的思想内涵,体会作者的观点;进入真实情境,实现语言和内容的内化与迁移,在阅读的不断深入中促进语篇分析能力、高阶思维能力和迁移创新能力的提升。

1. 阅读前

结合学生学情,阅读前开展"Brain storm",设计有两个活动环节,一是自由交谈,引入主题;二是小组讨论,分析诗人写诗的原因。

(1) 活动 1:Free talk,引入主题(2 分钟,CW)。教师设置引导提示性问题。

Do you remember any little poems or songs you learned when you were a child?

Do you remember any poems you have read in high school, either in Chinese or in English? Can you recite any?

教师与学生交流小时候学过的诗歌、童谣,以及长大后学过的古诗,引出本节课的主题。

(2) 活动 2:List some reasons why people write poems(6 分钟,GW)。学生小组讨论 2~3 分钟,概括梳理诗人写诗的原因。然后小组代表陈述他们的观点,其他小组补充。同时,请一位同学在黑板上以思维导图形式板书

各小组讨论成果（如图4-1所示）。

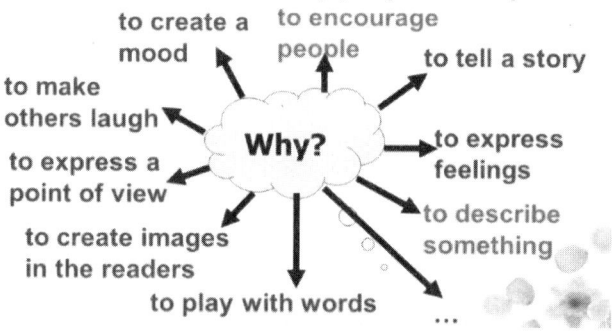

图4-1　思维导图

阅读前两个活动环节的设计意图，是通过猜测古诗，导入主题，激活已有的知识和经验，铺垫语言和文化背景知识。小组讨论诗人写诗的原因，既涉及课文第一段的中心句，又为解读文中列举的8首诗歌做了铺垫，让学生进入主题情境。

2. 阅读中

完成活动1和活动2的讨论后，进行过渡，带领学生进入阅读环节。学生了解了诗人写诗的原因后，引出了"诗人究竟会写出怎样的诗歌，如何写诗呢？英语的诗歌有哪些形式呢？"等问题，学生带着问题进行快速阅读，了解英语诗歌的几种简单形式。

（1）活动3：Predict the content of the text（2分钟，IW，CW）。

Students predict the content of the text according to the title, lead paragraph and the eight poems.

（2）活动4：Read fast for the main idea of the passage（5分钟，IW，CW）。

Students read the passage quickly and answer the following questions.

Q1：What is the main topic of the reading passage?

Q2：What five kinds of poems does the reading passage talk about?

活动3和活动4的设计意图，是在活动3和活动4中，学生根据已有经验和文体特征，辨别文本类型、预测语篇内容、形成阅读期待。学生通过阅读具有体裁特征的引领段，明确阅读情境（阅读文中介绍的五种简单的英文诗歌），并初步理解语篇标题的含义。

（3）活动5：Read the poems only, and try to match the main idea of each poem（5分钟，IW，CW）。

活动5的设计意图，是针对阅读技巧的训练，扫读时，学生根据需要，有方向性、有目的性地浏览信息，然后按要求解决问题。此处，要求学生读文中出现的八首诗歌，然后按着所提供的信息，做好匹配。该环节训练学生查找及解决问题的能力。

（4）活动6：Reading circle（20分钟，GW）。该活动以"阅读圈"的形式引导学生完成对文章的细节理解，找出每种诗歌的特征。6位同学为一个学习小组，分三步完成阅读任务。

（5分钟）Step 1：Each Student reads a kind of poem and find out the features of it? The sixth member try to paints the structure of the mind map.

（10分钟）Step 2：Each student shares what he/she reads with the other five in a 6-person group and the sixth member finishes the mind map.

（5分钟）Step 3：Prepare to be invited on the platform to share one part you hear from your group member.

活动6设计意图，是用"阅读圈"的教学活动给小组内的每个成员都安排了不同的任务，学生边读边思考，完成相关任务，并与小组内其他成员分

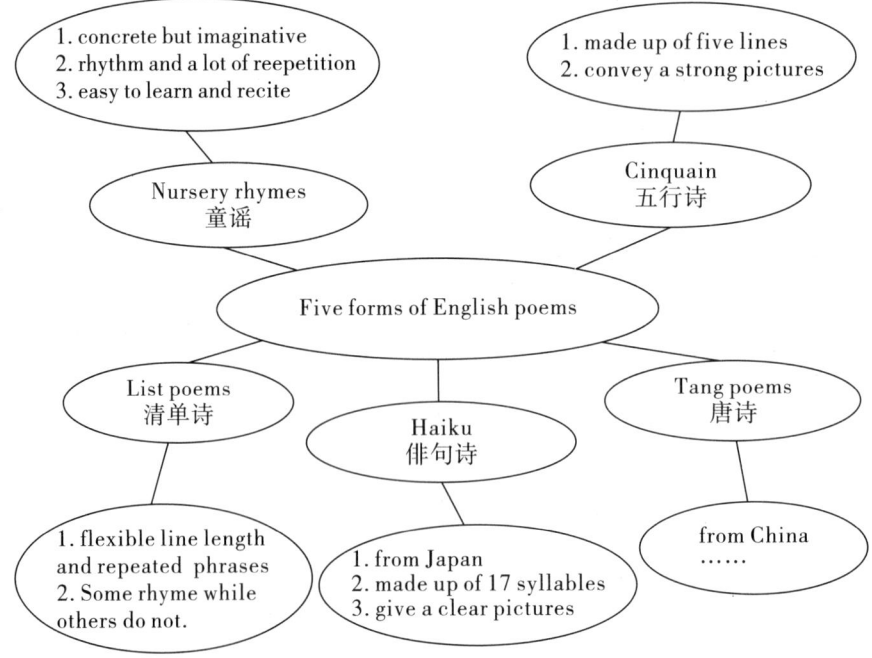

图4-2 完成后的思维导图

享自己的阅读成果,第 6 位成员负责完成思维导图(如图 4-2 所示)。最后与全班同学分享小组合作成果。活动中,学生不仅进行了"读"的输入,更进行了"说"和"写"的输出,这对学生提出了更高的要求,既训练了识记、理解和应用等低阶思维,也发展了分析、评价和创造等高阶思维。

(5)活动 7:Read and appreciate the poems(15 分钟,CW,GW)。

Teacher plays the radio of Poem A, and the students listen, read, and pay attention to the rhythmic words and rhythmic scheme in the poem. Then answer the question—What is Poem A about?

Students read Poem B and Poem C quickly, and answer the questions:

Q1:Which poem does rhyme? What are the rhyme words?

Q2:Did his or her team win the game? How many excuses did the speaker use? Does the speaker really believe his or her own excuse? How do you know?

Ask two or three students to read Poem D and Poem E, and work in group to translate them into Chinese. Then talk about the feelings after reading it. How does the writer feel about his/her brother/ summer?

Listen to the radio of Poem E and Poem F, and work in group to translate them into Chinese. Then answer the question—What are the two poems about?

Read the Poem H together both in English and in Chinese, work in groups to discuss:What is the story that the poem H tells? Tell the story in your own words. What feelings do you think the woman has? Give your reasons.

活动 7 的设计意图,旨在培养学生的自学能力和理解能力。学生通过朗读、翻译、小组合作等方式,获取、梳理和整合各诗歌中的细节信息,赏析诗歌的韵律、意象、主题以及表达的思想感情,并用自己的话表达自己对诗歌的理解。通过已有的知识,发挥自己的主观能动性,领悟诗歌的韵律美和意境美。不仅把本课所学的内容进一步内化,而且能够进行初步的语言输出和运用,建立信息间的关联,形成新的知识结构。

3. 阅读后

(1)活动 8:Create your poems(20 分钟,GW)。

Step 1:Each student in groups choose one of these poems, and try to write a poem, pay attention to the feature of the poem you choose.

Step 2:Share your poem with your group members, and tell your partner the main topic and emotions of your poem.

Step 3:Walk around in the classroom, and exchange your poem with any student, share your inspiration and thought with each other.

Step 4: Student volunteers to share his/her poem with the whole class and recommend his/her partner's poem he/she likes best. Give reasons.

活动 8 的设计意图，是学生通过总结本课所学，能明确知识、语篇及主题的关系，有利于正确处理语言形式与语言意义之间的关系，进一步理解诗歌的内在文化，并在真实情境中运用本课所学来完成任务。在完成诗歌创作的过程中，学生不仅可以运用所学知识，理解文本的内涵，体会诗歌情感和作者的意图，而且可以超越文本表达自己的观点，回忆生活的某个时刻或某种情感，尝试写诗。另外，此任务关注了输出内容与输入内容的一致性，有效反馈学生的学习效果，实现教、学、评一体。通过该环节的活动，锻炼了学生写、说的能力，提高了赏析优秀文化作品的能力，发展了想象力、逻辑思维能力和发散性思维能力。

（2）活动 9：Are poems good for our life? What can we get from poems? (5 分钟，GW)。

活动 9 的设计意图，是学生在完成活动 8 之后，对诗歌有了进一步理解。同时，进一步地感觉到诗歌不是诗人特有的创作，诗歌也可以存在我们的生活中，我们也可以借诗歌寄托内心的情感，抒发思想感情。这一活动提升了本节课的主题意义，实现能力迁移。实现最后一个教学目标，即通过对本节课的学习懂得欣赏英语诗歌，感受英语文学、文化之美；通过深层阅读，提升对文学的欣赏，审美品位。

六、教学反思

从课堂反馈来看，本节课的教学效果比较理想，达到了预定的教学目标。课堂上学生的听课状态好，参与程度高。基于现场的授课体验和之前的磨课实践，对在阅读教学中落实英语学习活动观进行教学反思。

1. 学习活动要有利于激活学生真实的阅读体验，使其主动探寻主题意义

本课设计的学习活动注重推动学生体验、参与文本信息的理解与分析、转化与运用。教学活动的设计要考虑如何激活学生真实的阅读体验，引发学生积极主动探究主题意义。例如，在大多数的课堂上，教师都会搭建好一个支架，让学生边读边完成，通过此种活动完成信息的获取和输入。但是，支架式阅读会限制学生通过阅读主动探寻自己期待的问题的可能性，学生对文本的体验并不深入。信息的获取和理解是个体的认知过程，教师不能包办太多。所以授课教师要删掉支架，让学生通过自主阅读探寻 5 种诗歌的特征，从而让阅读活动有了真实的目的，使阅读变成一种交流需求。现场授课时，学生们饶有兴致地品读文本，探寻答案，享受阅读，教学效果很好。因此，在设计学习活动时，教师要给学生自主阅读和探寻答案的机会。

2. 学习活动要有利于学生在主题意义探寻过程中建构结构化知识

如何通过学习活动引导学生建立信息间的联系，使语言知识结构化、系统化和逻辑化，这是本课要探索和突破的重要问题。例如，在学生探寻主线问题"What are the features of this poem？"之后，他们虽然能从文本中获取相关信息，但这些信息是零散的。教师要引导学生对获取的信息进行分析和处理，实践应用，使学生将所获取的信息重组并整合为新的知识结构，形成对各种诗歌特征的整体认识。这样经过语言和思维重组之后的知识已经不再是一些细节的信息，而是认知的提升。

授课教师设计了三个层次的学习活动帮助学生梳理信息，建立起信息之间的联系和结构化。首先，呈现信息，引导学生分析其内容；其次，深度分析 8 首诗歌的主题、写作手法、特点、内涵等；最后，学生通过诗歌创作来运用和内化语言。通过这样层层递进的学习，学生便能在语言实践活动中内化所学语言知识。

七、课后评析

本节阅读课是落实英语学习活动观，尝试变革学习方式，提升英语教学效果，实现学科育人的一次探索实践。

1. 教学内容

从教学内容上来看，尝试将知识学习和技能发展融入主题和语境中，体现了在语境中围绕主题来学习语言知识、发展和训练语言技能的理念。

在读前活动中，授课教师借助小时候所熟知的童谣以及学生阶段学过的古诗引导学生理解"poem"一词的文化内涵，使学生感知与注意到本节课主题；在教学活动中，采用"阅读圈"的阅读策略，以小组合作的形式完成对文章的理解与信息进行的提取、梳理与整合，让学生在具体语境中了解作者想要表达的内容和观点态度；在内化与运用的活动中，通过第二个主线问题（对 8 首诗歌的理解）的意义探寻，教师让学生先听读诗歌，赏析诗歌的语言特色和语法结构，然后分析诗歌的主题和内涵。"语法学习应该把语言的形式及其意义和功能结合起来，把语法结构与语篇整体联系起来，把语言产生的语篇和情境语境联系起来，向学生阐述如何选择某种语言形式实现其特定的意义和功能"①

2. 学习方式

从学习方式看,采用了学习活动观设计理念,尝试改变教师主讲、学生被动参与的学习方式,从而使碎片化的课堂内容走向整合与关联发展的课程内容,体现了对语言的深度学习。

六要素整合的英语学习活动观强调依托不同类型的语篇,在分析问题、解决问题的过程中,促进学生的语言知识学习、语言技能发展、文化内涵理解、多元思维发展、价值取向判断和学习策略运用。

这一过程既是语言知识与技能整合发展的过程,也是文化意识不断增强、思维品质不断提升、学习能力不断提高的过程。本课例的教学目标设计,体现了六要素整合的学习活动与行为方式的一致性(见表4-1)

表4-1 教学目标设计一致性

学习目标	学习活动	六要素体现
获取与梳理文中有关几种英文诗歌的特点	活动3、活动5、活动6	主题、语篇、语言技能(读)、学习策略(主题句、关键词)
朗读、欣赏、理解各英语诗歌,分析每首诗歌的主题、语言形式和诗歌所表达思想感情	活动7	主题、语篇、语言技能(读、说)、语言知识、思维品质
使用结构图梳理篇章结构,分析和欣赏说明文的文体特征和语言特点	活动4	主题、语篇、语言技能(读、说)、学习策略、文化知识
小组合作,进行诗歌创作,把握诗歌的韵律和主题	活动8	主题、语篇、语言技能(读、说、写结合)、文化知识、思维品质
通过对本节课诗歌韵律和主题的深刻理解,懂得欣赏英语诗歌,感受英语文学、文化之美	活动9	主题、语篇、语言技能(读、说)、文化知识、价值取向

---

① 程晓堂. 基于语篇分析的英语教学设计[J]. 中小学外语教学(中学篇),2020,(10):9-14.

从表 4-1 中可以看出，基于六要素整合的课堂教学目标将语言知识（语音、词汇、语法功能、话题等内容）、语言技能（听、说、读、写）学习策略、文化意识以及情感态度与价值观关联在一起，五个教学目标都具有可操作性、可检测性，而且都是通过学生的学习活动来呈现。从活动的认知层次看，分为三个阶段，即学习理解类活动、应用实践类活动和迁移创新类活动。从语篇主题看，体现了先整体后局部的主题意义探寻策略。

3．教学效果

从教学效果看，体现了教、学、评的一致性。完整课堂的教学活动包括教、学、评个方面。教、学、评一致性的逻辑起点是目标。

目标是灵魂，是出发点，也是归宿。在本节课中，每一个教学过程都紧跟教学目标，每一个教学活动都可以与目标对应。对于每一个活动的落实情况，授课教师都能够通过观察学生掌握他们的学习情况，并提供必要的支持，实现了在追求教、学、评一致性的课堂上，不同层次的学生都能学有收获的目标。

八、结束语

英语学习活动观是高中英语阅读教学的重要理论指导和设计依据。在阅读教学实践中，教师应以提升英语学科核心素养为核心教学目标，充分进行学情分析和教材整合，基于主题意义、探究文本内涵，按照学习理解、应用实践、迁移创新三个综合性层次，创设符合阅读主题意义、贴近学生生活、提升学生表达欲望的语言情境，以提高学生阅读能力和创造思维。

第五章 基于英语学习活动观下的高中英语深度阅读教学课例

——以人教版高中《英语必修 1》（2019 版）
Unit 2 Traveling Around 的主题课文
Travel Peru 为例*

一、问题的提出

在《普通高中英语课程标准（2017 年版）》(以下简称《课标》）中，英语学习活动观是指学生在主题意义引领下，通过学习理解、应用实践、迁移创新等一系列体现综合性、关联性和实践性等特点的英语学习活动，使学生基于已有的知识，依托不同类型的语篇，在分析问题和解决问题的过程中，促进自身语言知识学习、语言技能发展、文化内涵理解、多元思维发展、价值取向判断和学习策略运用。① 因此，教师在设计阅读活动时，应该以培养英语学科素养为目标并结合学生的思维发展特点，由浅入深层层递进，加深学生对语篇主题意义的理解。

英语阅读教学一直是高中英语教学的重要一环，也是很多教师最重视的环节。很多一线教师虽然都遵循了阅读课的步骤"课前，课中，课后"的教学设计和制定了教学目标，但是所设计的活动仍然处于表面理解，学生的阅读体验是零散的，在处理文本信息上，教师仍然是通过常规的判断对错题、问答题（以选择题为主）、查找中心句并配对和填表题来考查学生获取信息的能力；这种碎片化和机械化的课堂活动和问题，学生几乎都可以在原文中找到答案且答案都在教师的预设当中。虽然课堂看似"热闹"，师生交流融洽，但是一节阅读课下来，学生的阅读思维没有得到培养，久而久之阅读能力也并没有发生"质"的飞跃。在

---

* 本章由湛江市第二十一中学叶子露执笔。

① 教育部. 普通高中英语课程标准：2017 年版 [M]. 北京：人民教育出版社，2018.

制定培养阅读策略时，教师的教学设计往往不分体裁，都一致培养学生的跳读（scanning）和略读（skimming）技巧，学生都没有真正地参与真实地理解语篇，学生的深度思维层次的阅读能力没有得到训练；在语言习得上，很多教师仍然是关注语言点和基本句型，并没有引导学生体会作者的写作手法，进行文本的深层理解和语言的赏析。学生不仅失去了语言技能的练习机会，没有从内在激活学生体会英语这门语言的美，造成了学生对英语学习的兴趣缺失。

二、英语学习观下的高中英语深度阅读教学特点

高中英语阅读课不仅要帮助学生对语言（词汇和结构）和信息（文本的主旨大意和细节）进行表层理解，而且还需要帮助学生对文本进行深层次的理解，关注作者观点、情感和态度、写作意图，把握文本的脉络层次和结构特点，了解文本的遣词造句和谋篇布局等方面的技巧，进而鉴赏语言文化。[①]《课标》也将英语学习活动观的实施与开展划分为学习理解、应用实践和迁移创新三个层次。[②] 深度教学则指的是由浅层符号教学走向具有逻辑意义的教学，它是通过在指导学生完整地进行知识信息处理后，再实现一定意义的理解学习，意义学习，发展学习和情感态度价值观的学习。由此可见，深度学习是英语学习活动观的解释与延伸。学习活动观下的英语深度阅读教学应该有以下的几个特点。

1. 整体性

文本是一个不可分割的整体，只有全面把握文本内容，才能更好地体会作者的写作意图和情感，能够达到"共情"的境界。在阅读活动的设计上，教师要避免把文本分割成一个个部分，不要一味地按照考试中阅读理解题的标准来检验阅读效果。在阅读教学中，要让学生体会到不同的阅读文本有不同的阅读策略，如用用标题或图片等预测文本的内容，用表格或思维导图来整合文本零散的信息，在体裁上，议论文应该先关注论点和论据，说明文应该着重说明的对象和解决方法等。英语阅读只有从整体把握阅读文本，学生的阅读策略才能得到更大的提升。

2. 关联性

阅读活动的设计应该是承上启下的。一节好的英语阅读课应该是环环相扣，前一个活动都是给下一个活动搭支架做铺垫的。即先进行了学习理解类的活动，

[①] 葛炳芳. 英语阅读教学的综合视野：内容、思想和语言［M］. 杭州：浙江大学出版社，2013.

[②] 教育部. 普通高中英语课程标准：2017 年版［M］. 北京：人民教育出版社，2018.

把储备的知识结合文本整合后再进行应用实践类活动，最后内化知识再进行迁移创新类的活动，这样的教学活动才能推动学生的阅读思维从低阶发展到高阶。

3. 运用性

基于活动观的阅读课需要教师通过创设真实的问题情境，为学生提供探究的理由，把文本内容转化为学生的学习活动，实现学生与真实世界的联结；基于活动观下的英语课堂，教师应该设计一些创造性的活动用于鼓励学生把所学的知识内化，转化为恰当的输出并运用在新的情境当中。也只有这样，才能激发学生的学习动力，最终达到思维品质培养的最高目标，即"能创造性地表达自己的观点，具备多元思维的意识和创新思维的能力"①。

三、英语学习活动观下的深度阅读课堂设计②

笔者以人教版高中《英语必修1》（2019版）*Unit 2 Traveling Around* 的主题课文 *Travel Peru* 为例，探讨如何在学习活动观的依托下通过学习理解类活动、应用实践类活动和迁移创新类活动的设计开展高中英语阅读教学。

（一）语篇分析

本单元的主题是 Travelling Around，本课属于 Reading and Thinking 板块，此前学生已经通过 Listening and Speaking 板块积累了旅行出发前需要准备的东西和讨论总结了旅游给人们带来的益处。本课主要是通过秘鲁的介绍和旅游宣传册，让学生学会从众多途径，为制定旅游计划做准备，为随后的 Listening and Talking 板块作铺垫。在体裁方面，本文的两个篇章分别属于介绍性文本和旅游宣传册，体裁特征明显，由精美插图、标题、小标题组成；除了文本外还配有丰富的图片，让学生在阅读时有很强的生活代入感。在语言表达方面，本文使用了倒装句、排比句、祈使句、并列句等句型，通过较多的广告宣传类语言（描述性的形容词和动词，邀请性的句式），生动、形象地描述秘鲁的基本情况，让人身临其境，吸引学生的阅读兴趣。

（二）学情分析

本次授课的班级是学校里面程度相对好一点的学生，学生整体外向，学习态度认真。同时，词汇储备量不大，虽基本能够获取文本信息，但是整合

---

① 教育部. 普通高中英语课程标准：2017年版［M］. 北京：人民教育出版社，2018.

② 这部分中，T 为 Teacher 后的缩写，S 为 Student 的缩写。

能力不强，不擅长挖掘文本内涵，个人表达能力有待加强。

（三）教学目标

教会学生通过分析语篇文本内容，语篇结构和语言赏析手法并内化所学信息，进行知识迁移实现以人为本的英语课堂教学。在讲授完这节课后，学生能通过文本结构了解分析描述性文体的篇章结构；通过整合信息点，深挖文本含义，了解作者的写作意图和赏析语句，让学生了解了可以通过不同的遣词造句来达情感和态度；通过内化语言后在现实相关的语境下能够有话可说，表达个人的观点。

（四）教学重难点

引导学生掌握百科全书等介绍类文本和旅游宣传册的结构特征、文本特征和语言特点。同时，了解南美洲国家秘鲁的基本风土人情，激发学生的阅读兴趣，并通过赏析文章中的倒装句、祈使句等修辞手法，体会语言的魅力并内化语言，形成个人见解。

（五）教学思路

本课的教学思路如图 5-1 所示。

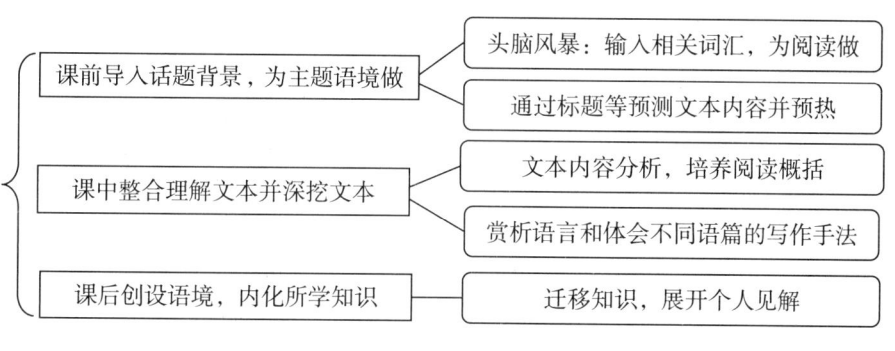

图 5-1　教学思路

（六）教学过程设计和分析[①]

1. 活动一：话题导入，词汇预教

为了落实英语的学习活动观中以主题意义引领的理念，教师可以通过小组讨论、头脑风暴、相关小视频和图片等多模态的教学手段创设相似的语境，并利用学生已有的认知，引入主题的语境。

教师给学生呈现一段短的风景片，激活兴趣，并让学生回答问题。

Step 1：Ask & Answer.

T：What impress you most after watching the video?

S：(possible version) I was impressed by the beautiful…/special (unique) building (architecture)…

T：Have you ever been to other cities? Can you share it with us?

Step 2：Individual Work. Share your traveling experience with your classmates.

Step 3：Brainstorm. Where do you usually get the information if you want to travel to a new place.（如图 5-2 所示）

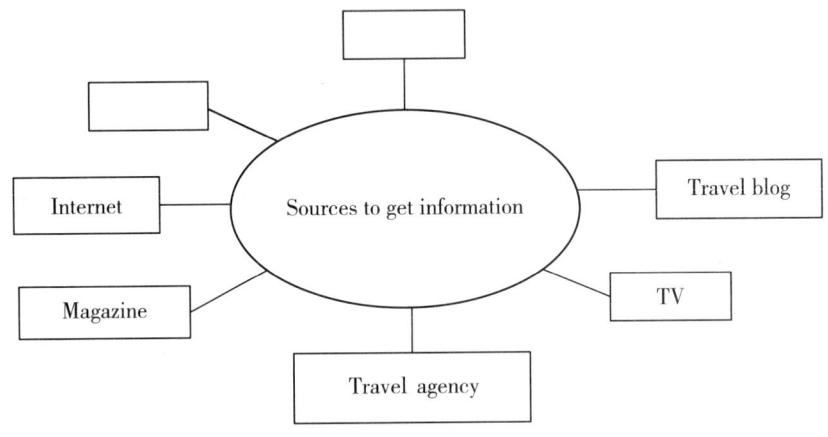

图 5-2　Brainstorm

活动一的设计意图，是在热身环节，围绕主题创设情景，激活学生已有的知识和经验。由于所教班级学生的词汇储备不够，在步骤 1 中，教师借助情景与学生互动并进行了词汇预教，如 impress、scenery、unique、accommodation 等，扫清学生的阅读障碍。同时，借助步骤 2 的个人分享活动，结合步骤 3 的问题，通过思维导图的方式的展现，激活学生的兴趣，顺利进入旅游这一主题意义中并自然过渡到下一环节。

2. 活动二：读中活动

《课标》明确要求以解决问题为目的，通过一系列的学习理解类活动梳理、概括和整合信息，建立信息间的关联，感知并理解语言所表达的意义和语篇所承载的文化价值取向，实现对主题意义的探究。

（1）利用预测，引导学生推测语篇结构和内容。

What is the type of each text? Encyclopedia or travel brochure?（如图5-3所示）

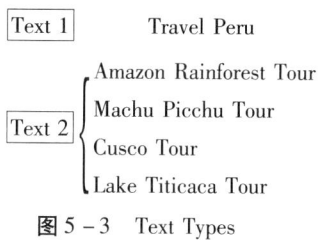

图 5-3　Text Types

Why do you think so?

学生预测完文本题材后，教师接着问"If you want to get some information, which kind of text do you want to read? and why?"这里预设一个开放性问题，让学生发表自己对于同一事物的不同观点。本题没有正确的答案，只需要鼓励学生说出自己的理由即可。

这部分的设计意图，是在阅读文本前，引导学生根据标题和文中的配图对文本的话题和结构进行推测，并简单说明理由。预测能够帮助学习者辨析语言和文化中的具体现象，梳理概括信息，具备多元思维的意识和创新思维的能力，从而提升学习者的思维品质。[①] 在预测之后，学生带着好奇和验证的心态进行阅读，从而能形成更积极的阅读动机和提高阅读的投入程度。同时，在推测后，能简单说明能够培养学生的批判性思维的理由，也能够为下面的阅读活动分析比较两个语篇结构的异同埋下伏笔。

（2）立足文本，梳理并整合文本内容。

Step 1：Group work. What information about Peru is covered?（见表 5-1）

表 5-1　Peru Information

Location		
Geographic characteristic	1. 2. 3.	
History	In the 1400s and 1500s	
	From the 1500s to 1821	

Draw a conclusion: when we give a brief introduction to a country, we usually talk about location, geographic characteristics, history, culture and language.

Step 2：Individual work. Read the text two and fill in the table.（见表 5-2）

[①] 教育部. 普通高中英语课程标准：2017 年版 [M]. 北京：人民教育出版社，2018.

表 5 - 2　Individual Work Table

Items	AMAZON RAINFOREST	MACHU PICCHU	CUSCO	LAKE TITICACA
Number of days		4 days		
Transport			—	
Accommodation		—		local home
Activity	Boating, hiking, exploring nature			
Theme of the trip				

Step 3: Use one word to description what is the theme of each trip.

T: In Amazon Rainforest, visitors can enjoy the plants and animals unique to the forest, so they can get more close to nature. What is the theme of the trip?

S: It is about natural...

以此类推，让学生讨论后得出剩余的三个旅行是关于 historical 和 cultural。

一定的图表形式能直观体现语篇信息的联系，构建语篇文本框架。[①] 这部分的设计意图，是在小组合作完成表 5 - 1 和表 5 - 2 后，进一步梳理并整合信息文本。步骤 1 让学生填完表格后根据文本和表格，总结在介绍地点时应该从哪几个方面入手，培养学生的信息归纳能力。步骤二虽然也是表格题，但是在读完后需要同学们讨论并总结每个路线是有关于历史类，人文类还是观光类。这一个环节能让学生整合信息后内化所学的知识，提升阅读的思维。

（3）深挖文本，内化语言。

Step 1: Group discussion. Compare the four texts and find what are the similarity among them?（如图 5 - 4 所示）

Similarities
- Title
- Vivid pictures
- Clear structure
- In the second person
- Powerful and expressive language...

图 5 - 4　Similarities

[①] 贾传安. 利用图表的英语语篇策略研究 [J]. 中小学外语教学, 2006 (6): 12 - 15.

T: In this lesson, we have learned four texts. Can you find out what are the four in common?

S: They all have pictures, titles...

教师接着追问，每篇文章的结构是怎样的呢？可以通过展示 from there、and then、there 等词让学生得出 clear structure。接着展示每篇小短文的句子，"from there, you will spend one day.../ after reaching your destination, you will have a day to.../There, a boat will take you to stay with a local Uros family..."通过展示，学生就能很清晰的得知都文本中有很多第二人称的句子。教师接着问"What is the function of using the second person?"学生结合自身的经验，会容易的说出"Attract the readers to join in the activity."

步骤 2 的设计意图，是经过文本阅读后，让学生对比相似文本总结描述类说明文的结构和常用的句式，提高了阅读的技巧。在掌握了文本说什么的基础上，文本学习的重点应该放在弄清文本是怎样表达上面的。通过分析文本结构，让学生理解其意义，识别其功能，为下一步的语言运用奠定基础。

Step 2: Complete the passage with the correct forms of the new words from the two texts and discuss with your partners to find a suitable title.

Cusco is a popular d_____ for tourists, because of its u_____ place in the history of South America. Cusco was the capital city of the Inca E_____ which was the most powerful in South America until the 1500s. There are two especially interesting things to a_____ about the Inca civilization. The first is the roads and p_____ they built to connect their important cities. These Inca roads were made up of two north–south highways and many small roads crossing the mountains east to west. The roads were for Inca soldiers and their o_____. Second, the Incas built wonderful cities full of amazing architecture but there were no markets in these cities. One of the interesting questions of history is how the Incas lived without shopping.

T: we have learned that a title can make readers know the context quickly, can you think about an attractive title for the text?

教师引导学生根据文中四个语篇的特点，先让学生明确本段的中心是 Cusco，通过阅读文本后，发现主要讲述了印加帝国的一些趣事，鼓励学生用一个或几个词语概括内容（如：_____ Cusco）。

高中英语阅读教学不仅要帮助学生对语言和信息进行理解，而且还要帮助学生对文本进行深层次的理解，进而鉴赏语言文化。步骤 2 的设计意图，是通过文本填空和问答讨论，在考查学生学完后灵活运用语言点外，通过步骤 1 的铺垫，让学生讨论得出符合的题目并简单说明缘由，达到培养学生提取概括,创造想象等多元思维的目的。

3. 活动三:读后活动

(1) Group discuss.

What we have learned in the lesson?

What is a brochure made up of ?

总结得出旅游小册子的文章结构(如图5-5所示)。

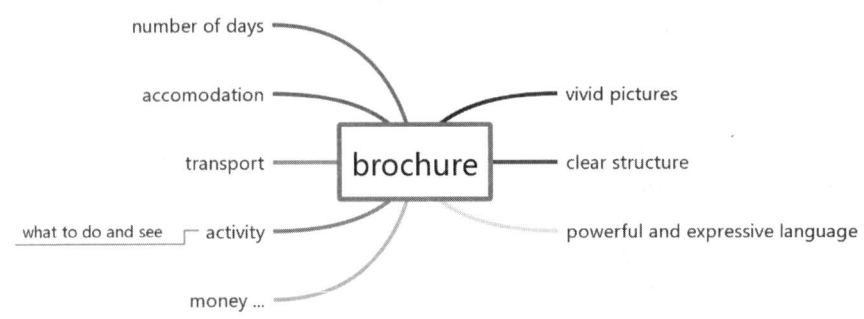

图5-5 文章结构

(2) Draw a conclusion of the useful sentences and phrases from the reading material.

葛炳芳提出:"阅读终点不仅仅是语言运用,同样重要的是思维能力。"[1]因此读后的环节,教师不仅要关注语言的操练,还要兼顾思维的发展,设计相应的输出活动。活动三的设计意图,是在学生读完文本后,理解了文本的内容,引导学生围绕主题和形成的知识开展描述,总结,分析,逐步实现对语言和文化知识的内化,并形成了描述性说明文的大体框架和相关的短语和句型,形成新的个人知识储备。

4. 活动四:围绕主题意义,迁移情境,内化知识

对于基于英语学习活动观,教师在引导学生在探究阅读的主题意义时,还可以设计一系列围绕主题意义发生的迁移活动,使课堂所学的语言可以在不同的语境得到运用和内化,从而真正使学生围绕主题语境开展探讨活动,逐步实现从基于语篇的学习理解走向深入语篇的应用实践,再到超越语篇的

---

[1] 葛炳芳. 英语阅读教学的综合视野:内容、思想和语言[M]. 杭州:浙江大学出版社,2013.

迁移创新的解决问题的过程。① 因此，教师在设计活动时，要紧紧扣住阅读的主题语境并创设尽可能真实的语境，让学生把所学的知识用于解决生活的实际问题，提高学生学习的动力和兴趣。同时，我们设计了课后作业

Writing. Use what we have learned today to write a brochure to attract more tourists to visit your hometown.

活动四的设计意图，是让学生可以整合所学的内容并根据框架展开写作做到学以致用。此外，学生可以根据自身的认知水平合理增加其他内容，展现个性。通过这种输出的活动，学生可以再次回顾所学知识并加深对文本的理解，同时也能根据总结的框架创造性地进行思考，体现学生的个性化。即"能够创造性地表达自己的观点，具备多元思维的意识和创新思维的能力"。②

四、反思与感悟

在英语阅读教学中落实英语学习活动观，教师需要有寻找主题意义的意识，并对阅读教学的课堂进行整体的设计。由于英语教学处于非母语的学习情境下，教师需要创设尽可能真实的语境，基于学生已有的认知水平，引入主题意义；引领学生紧紧围绕主题，通过思维导图、流程图、小组活动、师生对话、生生对话等多种形式对阅读文本进行获取、整合、概括，从活动中弄懂作者的写作手法和意图，了解不同语言表达的功能，进一步深化对阅读文本的理解；最后通过迁移情境，内化所学知识，达到灵活运用新的知识解决实际生活的目的。通过英语的学习活动，能让学生提高英语阅读水平，增强学生的文化意识和学习能力，最终提升学生的英语学科核心素养。英语学习活动的设计应注意以下几个问题。

（1）情境尽量真实，注意与学生已有的知识和经验建立紧密联系，力求直接，简洁，有效。

（2）教师要善于提出从理解到应用，从分析到评价等有层次的问题，引导学生的思维从低阶向高阶稳步发展；同时，教师要启发学生积极参与针对语篇内容和形式的讨论与反思，鼓励学生围绕有争议的话题有理有据地表达个人的情感和观点。

（3）教师要根据所学主题内容、学习目标和学生经验等，选择和组织不

---

① 孙晓慧，钱小芳，王蕾，等. 中学英语阅读教学中思维品质培养的实践探究[J]. 中小学外语教学，2019，4（42）：44-48.

② 教育部. 普通高中英语课程标准：2017年版[M]. 北京：人民教育出版社，2018.

同层次的英语学习和活动。

  在上完本节课后，笔者发现教学设计还存在两点的不足：①在设计深挖文本活动中，教师忽视了对语言文字的赏析和对文本信息的基本处理，没有搭建好支架让学生整合文本的语言点，导致部分中等偏下的学生在参与用所学的内容填空时，不能完成任务，在后部分的环节中没有积极的参与讨论；②在设计不同层次的问题时，开放性问题的数量和质量还需要调整，这样才能使更多学生实现真正的思考。

第六章 基于英语学习活动观的高中英语阅读教学设计三

——以人教版高中《英语必修1》（2019版）Unit 5 Languages Around the World 的主题课文 The Chinese Writing System: Connecting the Past and the Present 为例*

以学科核心素养为根本，对教学内容进行改革以满足随着时代进步的教学要求，是当下教育行业需要解决的问题。英语学科的核心素养包括语言能力、文化意识、思维品质以及学习能力，高中英语阅读教学在培养学生的英语学科核心素养中占据极为重要的地位。据目前的教学现状来看，高中英语教学过分受制于应试教育理念的影响，以提升学生的书面成绩为目标，注重开展词汇和语法知识的教学，忽视了教学知识背后的文化概念，直接导致学生处于被动接受知识的位置，学习兴趣缺乏，课堂参与度低下，英语阅读教学的效果也随之降低。

英语学习活动观主张对教学方式进行改革，在这一阶段，树立正确的高中英语教学的教学观念尤为重要，也是在高中英语阅读教学中推行英语学习活动观的重要基础。高中英语教师需要充分认识到时代的变化，在自身充分掌握课程知识的基础上，进行由简到难的教学活动设计，循序渐进地开展英语阅读教学，让学生在参与教学活动、回答课堂问题的过程中，掌握语言知识和技能，同时深层次地理解课程知识背后的文化及意义，依托新型的教学手段，实现高中英语阅读教学育人的目标。

---

* 本章由廉江市第一中学邓春芳执笔。

一、英语学习活动观的内涵、特点及价值

（一）英语学习活动观的内涵

英语学习活动观的含义从广义上来看，是指对英语学习活动的看法和观点，可以理解为"什么样的英语学习活动最有效？"等；从哲学的角度来看，英语学习活动观，是一种方法或者一种认识，是指对英语学习活动的认知和实践指导。无论英语学习活动观的理解方式，其主体都是针对英语学习者，也就是教师要合理地进行教学设计和教学方法改革，让学生成为英语学习活动观的持有者和践行者。

《普通高中英语课程标准（2017年版）》（以下简称《课标》）是基于狭义上的英语学习活动观认知，其认为英语学习活动观是以发展英语学科核心素养为目标的一种教学手段，在发展过程中，需要重视语言知识、语言技能、语言能力、文化内涵、学习能力等多个方面，高中英语教师要合理利用英语学习活动，致力于培养学生的学科核心素养。[①]

《课标》重新界定了英语学习活动观的概念，认为其在特定的主题意义的引领下，通过一系列的学习活动来引导学生利用已经掌握的知识去思考和解决问题。在这个过程中，达成提升学生语言知识、语言技能、文化内涵理解等多方面内容的目的。[②] 目前，英语学习活动观已经成为培养学生英语学科核心素养的重要手段，也是开展英语阅读教学的重要方式。在实际应用过程中，高中英语教师需要充分理解教学内容，对教学活动进行科学合理的设计，通过导入语言、文化、思维等内容相互融合的教学活动，引导学生深入思考问题，使得学生可以立足于文本信息完成简单的语言交流，最终超越文本内容进行文化传递。

（二）英语学习活动观的特点

英语学习活动观的特点主要体现在综合性、关联性、实践性三个方面。

（1）综合性，是指英语学习活动对课程内容六要素的整合性、语言技能提升的整体性、学科核心素养发展的全面性的积极影响。其中，课程内容六要素是发展英语学科核心素养的重要基础，六项要素之间存在相互关联、相互影响的关系，需要在英语学习活动中全面呈现。因此，英语学习活动必须考虑到课程内容六要素的有效整合。语言技能一般是指听、说、读、写、看等五项技能之间相互影响相互促进，英语学习活动要具备全面促进学生语言

[①②] 教育部. 普通高中英语课程标准：2017年版 [M]. 北京：人民教育出版社，2018.

技能提升的效果，需要同时兼顾五项技能的整体训练和发展。英语学科育人目标的实现就是对学生英语学科核心素养的培养，促使学生得到全面发展。英语学习活动不能局限于简单的技能训练或者信息获取，应当考虑得更为全面，让学生的文化内涵、思维品质也在英语学习活动中得到提升。

（2）英语学习活动的关联性特点，其主要体现在主题语境的一致性、与现实生活的相关性以及英语学习活动之间的逻辑性。有效的学习活动应该基于学生已有的生活经验，在分析问题、解决问题过程中，发挥主观能动性，获取知识与信息，训练思维与技能，提升能力和素养。学习活动既是听、说、读、看、写等显性的技能性活动，又是思维、心理、情感等隐性的活动。

（3）实践性。活动必然是动态的、实践性的。作为促进有效学习真正发生的学习活动，其实践性特点主要包含学生参与学习活动的主体性、活动任务的可迁移性。

（三）英语学习活动观的价值

英语学习活动观以活动为实践路径，以英语学科核心素养的全面发展为目标指向，为英语学习和教学指明了途径和手段。落实英语学习活动观的关键在课堂。英语课堂教学应基于语境，设计问题，规划活动，深度学习，实现语言、文化、思维、能力的融合发展和学生素养的整体发展。

英语学习活动观的提出为新时代英语教学指明了方向，明确了目标，提供了路径。教育主管部门要开展基于英语学习活动观的教师培训和教学评价改革，切实推进英语学习活动观的实践落实。英语课堂教学要整合课程内容六要素，开展具有综合性、关联性、实践性特点的学习活动，将教学目标素养化、教学方式活动化、教学活动情境化，实现深度教学和有效教学。

二、基于英语学习活动观的高中英语阅读教学设计理念

（一）意义探究

在基于英语学习活动观的高中英语阅读教学设计中，高中英语教师首先要遵循的理念就是"意义探究"。"意义探究"是指对教学内容的充分理解，包括字面意思、深层次的交流意义等。这就要求高中英语教师在英语阅读教学开展的过程中，不仅需要对语言形式以及语言知识进行详细讲解，更要在此基础上，提出导向性的问题（如"文中为什么这样表达？"等）。"意义研究"可以说是高中英语阅读教学设计的主线，在开展教学设计的过程中，一定要注意遵循"意义先行"的原则，让语言知识、语言形式成为铺垫。

(二) 文本解读

教学活动常依托于教师对于文本知识的解读来开展，教学设计也会朝着教师对文本知识的解读方向来开展。因此，高中英语教师需要正确进行文本解读，在充分把握教学内容的基础上完成教学设计。

一般情况下，教师可以从文本主题、内容、结构、语言特点和作者观点等角度进行文本解读。首先层层递进地去把握文本的主题内容，进而根据主题树立文本的结构，确定文本中各个环节对主题意义的服务，最后把握作者观点并分析语言特点。在实际开展过程中，内容整合和解读可以从 what、why、how 三个层面来完成，去充分深刻地把握作者的观点、文体形式以及语言特色，对于高中英语教师来说，五个角度、三个层面的文本解读方式是其顺利完成教学设计的必备技能。

(三) 活动设计

英语学习活动不是随机设置的，要具备逻辑性，循序渐进地将学生带入自己的节奏中，促使学生的英语学科核心素养得到提升，英语学习活动设计的逻辑性如图 6-1 所示。由图 6-1 纵向可以发现，英语教学的逻辑过程是学习理解—应用实践—迁移创新，从横向来看，英语教学的每个环节又存在层层递进的逻辑关系，如学习理解之间存在感知与注意—获取与梳理—概括与整合的逻辑关系。根据纵向内容，可以将英语阅读教学设计分为三个学习活动，每一大类的学习活动中又包含多个小活动，活动的时间不一定要做到平均分配，需要结合学生的学习情况和学习活动的内容来进行调整，例如理解难度、教学难度较高的学习活动，可以适当延长课程时间。

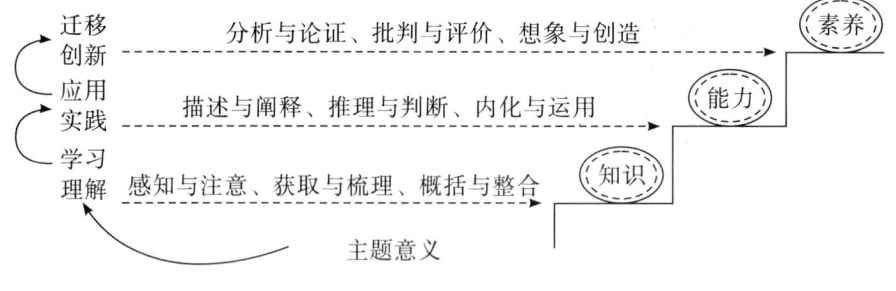

图 6-1　活动观的逻辑层次图

无论是从纵向还是从横向来观察英语教学，其都存在相互之间的逻辑关系，高中英语教师一定要充分把握不同知识之间的逻辑关系，通过思维导图等工具来帮助学生形成结构化的知识体系，让学生利用这项技能将知识转化为内在能力和素养。

（四）活动目标

英语学习活动观的指向，是培养学生的英语学科核心素养。因此，高中英语教师在英语阅读教学设计过程中要强调培养英语学科核心素养的重要性，将其作为教学目标来引领各种学习活动的开展。在这一阶段，高中英语教师要具备清晰的目标，时刻反省英语教学活动是否指向学科核心素养。综合上面英语学习活动观的特点，学习活动要具有综合性，注重英语学科核心素养的全面性发展，考虑到课程内容六要素的整体性，也只有如此，才可以满足英语学习活动观的需求。

三、教学设计实例

我们以人教版高中《英语必修1》（2019版）*Unit 5 Languages Around the World* 的主题课文 *The Chinese Writing System：Connecting the Past and the Present* 为例。

（一）深入解读教学文本

依据前文讲到的五个角度和三个层面对教学文本进行解读。

1. what（主题与内容）

The Chinese Writing System：Connecting the Past and the Present 以 Languages around the world 为主体，文本主要讲解汉字的演变，由精美插图、标题、正文组成。段落间围绕标题呈现严密的逻辑结构，首段为主题段，支撑段落按时间顺序展开；标题中有题眼"connecting"。在内容方面，标题分两个部门：文本话题"The Chinese Writing System"汉字书写系统和其对连接古今"Connecting the Past and the Present"功能的阐释，直接点明汉字连接中华文明的过去和现在的历史作用。

2. why（主题和作者）

文章体裁特征明显，结构清晰，重点突出，逻辑性强，文本主要聚焦在汉字的发展和作用的学习和思考。作者态度鲜明，开篇点题——中华文明能一直延续不断并传承至今，其中一个重要原因是汉字书写体系的发展与传承。通过对汉字发展的介绍，表达了作者对中华文明和中国文化走向世界的自信

3. how（文体和语言）

文本主要聚焦在汉字与中华文明的关系上，语言简明扼要、重点突出。

文本包含两条主要线索。第一条是按时间顺序梳理了汉字书写体系数千年的发展历史，这是文本叙述的明线。第二条是呼应标题中的题眼"连接（connecting）"的一条暗线，说明汉字书写体系对中华文明传承数千年所起到的四个重要作用：①连接时间上的过去与现在；②连接空间上生活在不同地域的人们；③连接语言与艺术；④连接中国与世界。对后面两个连接的说明是作者跳出时空局限，就汉字发展为书法这种艺术形式后对中国文化所做的贡献，并结合我国发展形势与世界各地越来越多的人愿意学习汉语的现状，说明了汉字将在对外交流中起到重要的连接作用。在语言表达方面，本文语言准确地道，话题词汇丰富，文化内涵深刻。"总—分"—"首段+支撑段落"行文结构的使用、按时间顺序的叙述方式使得文章条理清晰，逻辑严谨，更好地表达主题意义。

基于以上的文本解读，给出完整的思维导图，作为高中英语阅读教学学习活动的设计依据（如图6-2所示）。

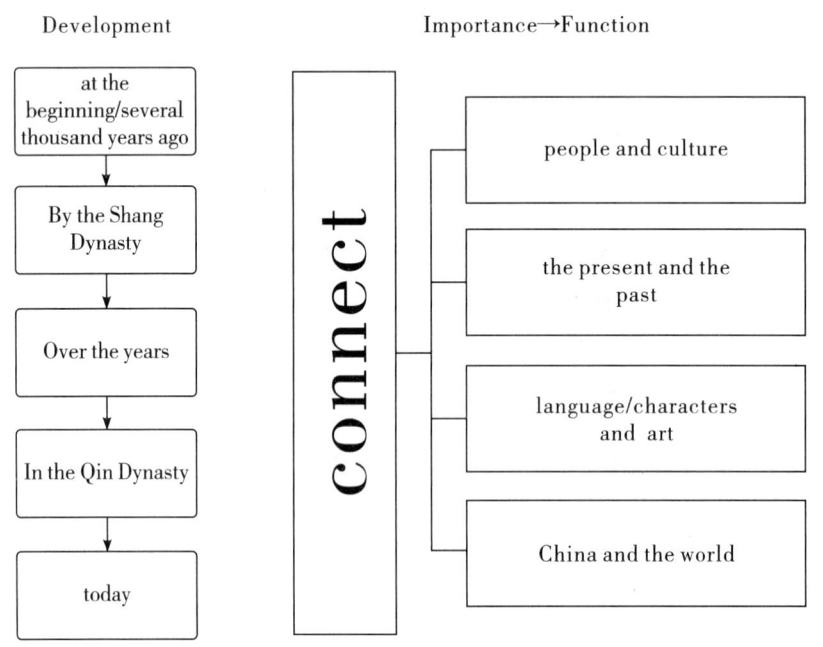

图6-2 文本思维导图

（二）确定教学目标

教学对象为高中一年级学生，性格活泼、思维活跃，保持较高的学习热情。在完成之前单元的英语阅读教学后，学生的英语阅读能力得到了提升，能够独立完成英语短片的阅读。同样的，这一年龄段的学生在初中阶段基本已经学习了有关"甲骨文""象形文字""秦始皇首次统一华夏"等历史知识，这也为本次教学工作的开展奠定了基础。

1. 教学重难点

（1）对文章主旨和结构的整体把握。

（2）梳理出"时间—事件"和"连接功能"两条线索，探索和理解汉字书写体系与中华文明传承的关系。

（3）对汉字书写体系未来发展的思考。

（4）加强学生对中国文化的自豪感和认同感，增强学生对母语学习和中国文化的自信心。

2. 设定教学目标，分析教学重难点

（1）运用略读策略，寻找每段主题句并归纳全文主旨大意，理清文本结构，提升逻辑思维能力。

（2）运用扫读策略，借助"时间—事件"的历史线索，了解汉字书写体系发展过程，讨论汉字书写体系的演变，巩固并迁移所学，借助思维导图介绍汉字书写体系的发展，提升语言能力。

（3）归纳汉字书写体系的连接功能，梳理出"功能"这条主线，并提炼汉字书写体系对中华文明传承的作用，提升批判性思维能力。

（4）明确事实和观点之间的相互关系，提升辨析力和透过现象看本质的能力。

（5）根据文本内容，关注并积极思考汉字书写体系未来的发展和作用，切实体会汉字的魅力，体验家国情怀，增强文化自信。同时，从多个视角认识中国，拓宽国际视野。

（三）英语阅读教学学习活动的设计和实施[①]

基于英语阅读教学学习活动设计的逻辑性要求，将开展8个学习活动，

[①] 这部分中，IW 为 Individual Work 的缩写、GW 为 Group Work 的缩写、CW 为 Class Work 的缩写。

以课堂教学的四个阶段 Pre-reading、While-reading、Post-reading 和 Homework 展开论述。

1. Pre-reading

这一阶段包括一个学习活动，由教师要求学生参与进来，通过一个活动来帮助学生去回顾已经学习过的知识，耗时3分钟。

活动1：在具体开展过程中，教师可以提出3个问题，让学生去选择合适的答案。

Teacher invites Students to do a quiz to test their background knowledge of Chinese. (3分钟，IW，GW)。

Is the language with the most native speakers in the world Chinese? (Yes or No)

What comes next to Chinese with the second most native speakers? (English or Spanish)

Can you recognize the following Chinese characters in simplified Chinese?

活动1设计意图，是通过开展上述问题，让学生的学习兴趣被完全调动出来，同时对已经学习过的知识进行了有效地激活，为教学工作的开展奠定了语言和文化背景。

2. While-reading

这一阶段包含4个教学活动。

(1) 活动2：主题"To know the text before reading"(2分钟，IW，GW)。

T directs Students to predict what the passage might be about according to the title and the picture.

活动2的设计意图，是这一学习活动建立在前一学习活动的基础上，其目的是引导学生利用已经学习的知识和经验来预测文本内容，进而对英语阅读教学内容产生期待。

活动2的核心素养提升点，是结合英语学习活动观综合性的特点，其针对性提升学生核心素养中的语言能力——让学生利用已经学习过的知识对文本内容进行预测。

(2) 活动3：主题"Explore the text to have a whole understanding"(5分钟，IW，GW)。

T asks Students to find out the topic sentence of each paragraph.

T directs Students sum up the main idea of the text according to the topic sentences.

活动 3 的设计意图，是在学生对文本内容进行预测，并保持较高的阅读兴趣后，高中英语教师引导学生对文本内容进行略读，总结每一段文字中的主旨句，让学生试图去概括全文的主要内容，这一活动的开展能够让学生进一步从文章获取知识，对之前已经学习过的内容进行补充，深入了解汉字书写体系的发展过程。

活动 3 的核心素养提升点，是针对学科核心素养中语言能力的提升展开培训，培训方式为引导学生分析文本的组织结构及内容，概括信息，尝试提取文本的主题思想，为其更好的理解汉字书写体系与中华文明的关系打下基础。

（3）活动 4：主题 "Explore the development of the Chinese writing system"（8 分钟，IW，GW），属于英语阅读教学的重要环节。

Students scan paragraph 2-4 and find out words or phrases that describe time.

Students scan paragraph 2-4 again and find out what happened to the Chinese writing system according to time and share their ideas with the given cards on the blackboard afterwards. Since it is a group-work activity, T shows the rules to Students on the handout.

Attention. Work together in a group. Group 1-2 focus on paragraph 2. Group 3-4 focus on paragraph 3. Group 5-6 focus on paragraph 4. Find out key information according to time. Write down your ideas on the given cards. Put them in time order on the blackboard. It is a group competition. Do it as quickly as you can.

活动 4 的设计意图，是该活动让学生自主参与到阅读活动中，去发现文本中包含的与时间相关的词语，小组合作的教学方式，让学生之间形成既合作又竞争的关系，最后根据思维导图提供的相关内容，对应来完成汉字书写体系随着时间的变化情况，为学生主动通过英语阅读教学去探索汉字的书写体系发展情况做好铺垫工作。

活动 4 的核心素养提升点，是该活动针对性地培养了学科核心素养中的语言能力、思维品质以及学习能力，语言能力的培养体现在引导学生去阅读文本，并整合语言进行不表达。思维品质的培养体现在学生主动去归纳和总结知识，利用由高中英语教师给出的思维导图来有针对性地看待问题，确定汉字书写体系的发展情况。学习能力的培养则体现在小组教学中，学生自主学习意识和合作学习意识的培养。

（4）活动 5：主题 "Explore the importance of the Chinese writing system"（8 分钟，IW，GW）。

Students are required to work together in a group; find out phrases that express importance; show in what ways the Chinese writing system is important and explain what the Chinese writing system connects.

The following table is on the handout for Students to fill in.

The Chinese writing system connects _____ and _____ .
The Chinese writing system connects _____ and _____ .
The Chinese writing system connects _____ and _____ .
The Chinese writing system connects _____ and _____ .

活动5的设计意图，是该活动在于引导学生寻找关于"重要"的表达法，归纳出汉字书写体系的功能，聚焦第二条线——连接（connecting）。理解文本内涵，同时激发学生对中国文化的自豪感和认同感。

活动5的核心素养提升点，是该活动同样让学生以小组的形式阅读并解决设置好的问题，有利于学生之间合作学习，同时对学生学科核心素养中的语言能力、思维品质、文化意识等内容进行了有效培养，可以让学生更好地认识到语言与世界、语言与文化之间的联系，在阅读教学的课堂上得到成长，另一方面，学生在解决问题的过程中逻辑思维能力得到锻炼，同时真切感受到了中国文化，对于其正确价值观的形成具有积极影响。

3. Post-reading

（1）活动6：主题"Explore the writing purpose"（5分钟，IW，GW）。

Teacher invites Students to share their understanding of the writer's writing purpose.

Does the writer show his attitude towards the Chinese writing system in the text? If so, what is his attitude? Negative or positive? Find some supporting sentences.

活动6的设计意图，是该活动通过介绍汉字书写体系对中华文明的重要性，引导学生关注作者的写作意图——表达对中国文化走向世界的自信，进一步激发学生对中国文化的自豪感。

活动6的核心素养提升点，是该活动在于锻炼学生语言能力及思维品质的学科核心素养，语言能力锻炼主要体现在教师引导学生主动去推断作者想要表达的意思，以及对整件事情的态度，思维品质锻炼则体现在学生综合利用目前已经掌握的信息，就论点发表自己的看法。

（2）活动7：主题"Explore the future development of Chinese"（5分钟，IW，GW）。

Teacher asks Students to discuss in groups and share their ideas afterwards.
How will Chinese develop in the future?

Will Chinese become a language like English in the world in the future?

What should we students do?

What should we Chinese do?

活动 7 的设计意图，是该活动是由教师来扮演引导者的角色，让学生主动去探索和思考汉语未来发展的可能性，帮助学生进一步理解主题意义，培养基于主题的批判性思维能力。

活动 7 的核心素养提升点，是该活动对于语言能力、思维品质以及文化意识等学科核心素养的培养具有重要意义。其中语言能力的锻炼主要体现在对主体意义的进一步扩充。思维品质的锻炼主要体现在学生从多个角度来认识中国，认识世界，在扩宽学生视野的同时也引发学生进一步思考。文化意识的锻炼在于培养了学生的国际视野，增强了学生的文化自信心。

（3）活动 8：主题"Make a summary for this period"（2 分钟，IW，GW）。

活动 8 设计的主要目的，是对课文的内容进行归纳总结，对学生的思维能力进行锻炼，这种做法能够帮助学生的思维品质得到提升，有利于学科核心素养的形成。

4. Homework

英语阅读课堂教学完成后，由高中英语教师开展最后影响活动，留出一个 Homework。

Write down a short summary of the text in 60–80 words and add your opinions and hope for Chinese.

该部分的设计意图，是对课堂教学内容进行巩固，也是教师用以评估学生学习情况、学习能力的重要方式，对于学生将所有学习到的知识消化吸收具有积极影响，能够帮助学生形成学科核心素养。

四、结束语

英语学习活动观是培养学生英语学科核心素养的重要途径。在高中英语阅读活动设计过程中，教师应该以英语学习活动观为指导，为学生设计有情境、有层次、有实效的英语学习活动，在每类活动中有机融入语言知识学习、语言技能运用、学习策略应用、思维品质发展和文化意识培养，帮助学生在英语学习活动中习得语言知识，运用语言技能，并鼓励学生在新的语境中运用所学知识分析问题、解决问题，创造性地表达个人观点和态度。

第七章 指向思维品质的高中英语阅读教学

——以人教版高中《英语选修 8》 *Cloning: Where is It Leading Us* 为例[*]

一、引言

阅读是一种复杂的主动的思维活动。[①] 从认知心理学层面，阅读是一种积极的信息加工过程，是大脑运用语言和非语言进行一系列复杂的思维活动的过程。[②] 陈则航等对2017—2020年四年的高考英语全国卷的阅读理解试题进行了分析发现高考题对批判性思维考查的题目有增加的趋势。[③] 而思维能力的培养离不开阅读教学活动。思维课堂的创建不仅仅是当前阅读教学的需求，也是落实学科核心素养的必然要求。[④] 在过去的语言学科教育当中，我们欠缺对思维的关注。课程改革需要有思维参与的课程，不要让学习停留在表层或表面。[⑤] 这些都说明了阅读和思维的密切关系，只要开始阅读就是开始思维活动。然而，阅读教学中应该关注如何更好地使它得到更好的发展，使学生具备一定水平的高思维品质。因此，指向思维品质的高中英语阅读教

---

[*] 本章由岭南师范学院附属中学林晓韵执笔。

[①] 王勇. 从同课异构角度反思高中英语阅读文本的有效解读[J]. 基础外语教育，2018，(5)：20-26.

[②] GOODMAN K S. Reading: a psycholinguistic guessing game [J]. Journal of reading specialist，1976，(6)：126-135.

[③] 安德森，等. 布鲁姆教育目标分类学：分类学视野下的学与教及其测评：完整版[M]. 蒋小平，等译. 北京：外语教学与研究出版社，2009.

[④] 陈则航，陈曦，邹敏. 高考英语阅读理解题对批判性思维的考查及其启示[J]. 中小学外语教学，2020，(11)：1-7.

[⑤] 梅德明，王蔷. 改什么？如何教？怎样靠？：高中英语新课标解析[M]. 北京：外语教学与研究出版社，2018.

学是践行新课标的要求,落实英语学科核心素养培养的实际需求。

二、理论基础

1. 思维品质

《普通高中英语课程标准（2017年版）》（以下简称《课标》）提出了英语学科核心素养的内容包括语言能力、文化意识、思维品质和学习能力。[①]思维品质作为核心素养的心智特征,能提高学生的语言能力,培养学生的思维品质,促进学生的学习能力。思维品质的发展能提升学生分析和解决问题的能力,使他们能够从跨文化视角观察和认识世界,对事物做出正确的价值判断。思维品质是指思维在逻辑性、批判性、创新性等方面所表现的能力。夏谷鸣指出,逻辑思维主要表现为思维的规则和规律,具体设计概念、判断和推理等心智活动,思维的批判性在于质疑、求证的态度和行为,通过正确的途径、求证事物的真假;思维的创造性侧重于求异、求新,不墨守成规,敢于想象,善于改变,推陈出新。[②]思维品质的目标就是学生能辨析语言和文化中的具体现象,梳理、概括信息,建构新概念,分析、推断信息的逻辑关系,正确评判各种思想观点,创造性地表达自己的观点,具备多元思维的意识和创新思维的能力。[③]在这里可以看到提升思维品质的动词,辨析,梳理,概括,建构,分析,推断,评判,表达。

综上所述,逻辑思维强调事物的内在本质联系,批判思维强调对思维的反思,创造性思维强调创造性地提出和解决问题。根据思维的三个维度和思维品质的目标,笔者把描述思维品质的目标动词进行分类（如图7-1所示）。

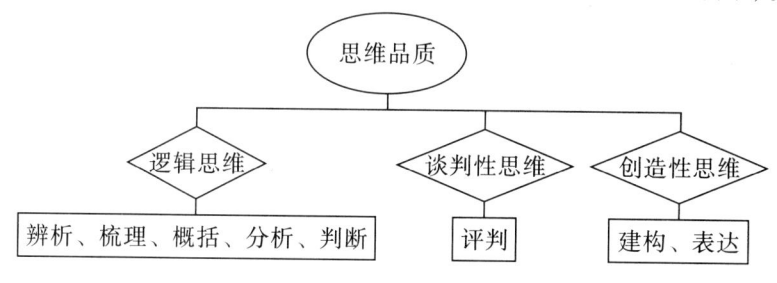

图7-1 思维品质的目标动词

[①③] 何玲,黎加厚. 2005. 促进学生深度学习 [J]. 现代教学,2005,(05):29-30.

[②] 梅德明,王蔷. 改什么? 如何教? 怎样靠?:高中英语新课标解析 [M]. 北京:外语教学与研究出版社,2018.

教师在阅读教学中要注重基于主题和篇章，以英语学习活动观为指导来训练学生的思维技能，使得思维品质的发展真正落到实处。

2. 深度学习

深度学习的概念是我国学者黎加厚在 2005 年首次引入的，深度学习是指在理解学习的基础上，学习者能够批判性地学习新的思想和事实，并将它们融入原有的认知结构中，能够在众多思想间进行联系，并能够将已有的知识迁移到新的情境中，做出决策和解决问题的学习。[1]

深度学习最本质的特征是高阶思维的培养。在认知领域，布鲁姆把教育目标分类中的认知过程分为六个层次，其中记忆、理解、运用被划分为低阶思维，分析、综合、评价被划分为高阶思维。[2] 英语的高阶思维，以逻辑思维为起点，逐步引申发展为批判性思维，最后到达创造性思维。[3] 因此，逻辑思维，批判性思维和创造性思维是逐层发展的。

3. 思维可视化

最早，先是提出了知识可视化。知识可视化即借助于各种工具，以图式、动画等形式表现知识或知识之间的关系，从而促进学习者在已有知识结构的基础上，快速厘清知识点之间的逻辑关系，并实现有意义的建构。[4] 知识可视化的发展促进了思维的可视化的产生。思维可视化即将思维过程和思维结果呈现出来，促进学习者观察与反思。思维可视化的工具有很多，与教育教学的结合主要体现在思维导图和概念图。思维可视化工具的恰当运用可以促进思维的发展。

三、教学设计

我们以人教版高中《英语选修8》Cloning：Where Is It Leading Us 的教学设计来说明如何在阅读中提高学生的思维品质，也就是逻辑，批判和创新思维。

（1）主题语境：人与社会——科学技术。

---

[1] 顾敏. 融入思维导图的高中英语阅读文本解读[J]. 教学与管理（13）：45-47.

[2] SWAIN M. Output hypothesis: its history and its future [J]. Foreign language teaching and research, (1), 2008.

[3] 阳程. 基于高阶思维能力培养的高中英语阅读教学[J]. 教学月刊：中学版, 2018, (1/2)：40-45.

[4] 马秀麟, 赵国庆, 朱艳涛. 知识可视化与学习进度可视化在 LMS 中的技术实现[J]. 中国电化教育, 2013, (1)：121-125.

(2) 语篇类型：阐释性说明文。
(3) 教材：人教版高中《英语选修 8》。
(4) 课题：*Cloning：Where Is It Leading Us*。
(5) 授课时长：2 课时（每课时 45 分钟）。

四、教学过程

（一）语篇研读

深度学习首先要求教师对本文有深度的解析。《课标》指出，教师要在深入研读语篇的基础上，根据主题语境、语篇类型、不同文体的语篇结构和语言特点，引导学生深入学习和理解语篇所表达的主题意义，建构结构化知识，内化所学语言和文化知识，自主表达观点，实现深度学习。①

学生对主题语境和语篇理解的深度，直接影响学生的思维发展水平和语言学习成效。《课标》指出，研读语篇就是对语篇的主题、内容、文体结构、语言特点、作者观点等进行深入的解读，教师要尝试回答三个问题，即 what，why 和 how 的问题。② 本章的语篇研读模式见表 7-1。

表 7-1　语篇研读模式

三提问	问什么	研读结果
What	语篇主题和内容	本文涉及的是人与社会主题语境下的科学与技术。本文所在单元的主题是克隆，属于单元的阅读板块，文章具体介绍了植物和动物克隆的区别，克隆的两大用途，多利羊的诞生步骤、引起死亡的原因以及解释了为什么克隆会引发争议
Why	语篇的深层含义	作者通过文章并不仅仅是让读者了解克隆这门科学技术，更重要的是通过客观呈现不同人对克隆的不同看法引起的争议，激发学生对克隆形成自己的思考并表达自己的观点。作者并没有试图说服读者接受某一种特定的观点，在字里行间也没有透露自己的观点，而是给读者留白，留下一个问题"克隆将把我们引向何方？"让读者自行思考，批判地看待克隆，认清克隆的好处和坏处，知道克隆技术不成熟和存在的风险，激发学生热爱科学的热情。在立德树人的核心素养的背景下，教师要引导学生辩证地思考人类克隆技术的开发和应用，进一步认识到克隆的根本意义在于解决医学难题，为人类服务

---

①② 教育部. 普通高中英语课程标：2017 年版 2020 年修订［M］. 北京：人民教育出版，2020.

续上表

三提问	问什么	研读结果
How	语篇的本体特征、内容结构和语言特点	这篇文章的文体是阐释性说明文，文章按照先因后果的逻辑顺序进行信息传递。因为克隆技术的发达，导致克隆羊多利产生了，因为克隆羊多利的出现，引起人们不同的看法和争议。作者用第三人称，语言简明扼要，通俗易懂，条理清楚，内容是事实性的信息。作者在第一段使用了下定义法，如第一段第二句就是给克隆严谨地下定义，说克隆是用来生产与原型完全相同的动植物的方法，还使用了举例法，举例让人们知道什么是自然克隆；第二段用总分总结构使用了罗列法，如第二段的"firstly""secondly"是显性语篇标记词；第三段和第四段使用了比较法，比较不同人的观点，其中语篇标记词 on one hand, on the other hand 就是很好的对比类标记词。另外，作者还连续摆出三个问句引发读者思考"Would this be a major difficulty for all cloned animals? Would it happen forever? Could it be solved if corrections were made in their research procedure?"。最后一段还用了举例法，举出不同国家的例子说明人们不同的观点。文中的多模态文本还有图片，图片下面关于克隆羊诞生步骤的字体在排版上用了更小字号来呈现，足以说明，学生对克隆羊的诞生的步骤，只需要了解信息即可

　　教师对文本深度解读后，要提供支架引导学生发展逻辑、批判和创新思维来进行文本的深度学习。只有教师能以学生为中心和以学习为中心引导学生发展思维品质，学生才能真正学会学习。

（二）学情分析

　　对于学情的分析应该与对主题内容的分析结合起来，看学生在学习这样一个主题内容的时候，有哪些已有的知识及经验和可能欠缺哪些知识及经验，由此分析和确定学生在学习这个单元的主题的时候，可能会遇到的困难。[1]

　　本节课授课对象为高二的学生。从语言能力上讲，学生对克隆这个话题了解不是很多，克隆方面词汇的学习主要是来自于本单元 warming up 的学习，比如 natural clone, man-made clone 等。从文化品格上讲，多数学生虽然

---

　　[1] 梅德明，王蔷. 改什么? 如何教? 怎样靠?：高中英语新课标解析［M］. 北京：外语教学与研究出版社，2018.

认可科技的发展，但是对于克隆羊的认识仅仅局限于克隆羊出现了而且后来死亡了的认识，并且欠缺对克隆技术的发展历程的了解。从思维品质方面，学生虽然能积极思考，但是平时的思维训练更多地局限于阅读理解考试题目上。因此，思维训练严重不足而且更多地停留在低阶思维层次。对于克隆这个主题，学生对克隆的认识比较表面，有一些与克隆相关的知识储备，但欠缺对克隆技术可能存在的困难和问题以及引起的争议的思考。从学习能力方面看，学生懂得运用网络查找资料拓展学习资源，阅读的一些微技能比如 skimming，scanning 还是比较熟练的。本班同学最大的问题是学生英语水平层次不一，两极分化严重，普遍阅读量不足，英语基础弱的同学词汇量不足，看文章的速度较慢，对英语有畏难情绪。因此，需要老师搭好足够的脚手架。学生们最大的共同点是都渴望提高英语水平。

（三）学习目标

学生在学习完这篇文章后，期望能达到以下目标。
（1）根据标题，每段首尾句，文章图片预测和梳理篇章内容。
（2）以问导读，梳理篇章内容，熟悉话题词汇，重视语篇标志词。
（3）使用思维导图理清事实性信息，能复述文章。
（4）整合克隆所带来的好处与坏处，表达自己的看法。
（5）通过合作模拟一场关于"克隆"的记者招待会，深化对克隆技术积极意义的理解。
（6）内化本课所学语言，以写促读，写一封信给玥玥告知她自己对克隆优缺点的看法。

（四）学习重难点

（1）能了解说明文篇章特点，关注信号词，迅速捕捉重要信息。
（2）能用思维导图梳理自己的对文本进行阅读的结果。
（3）能根据一定的逻辑，批判性地表达自己对克隆的观点，懂得只有正确地使用克隆技术，才能让我们的未来走得更远。
（4）能理清自己的思维，并且解决现实生活中是否要克隆死去的宠物的问题。

（五）学习过程①

1. 基于语篇，拓展逻辑思维

（1）挖掘新闻，激发阅读兴趣（3分钟，IW，CW）。

T presents two pictures and a piece of news entitled Bring Back to Life to draw students' attention to cloning (News Time).

Yueyue's pet dog Nini died. The pet dog once accompanied Yueyue and her family for 17 years. They have considered her their family member. They can't accept Nini's death and Yueyue is considering having Nini cloned. But will cloning be successful? she wants to know more about cloning. Can you tell her?

T asks students：Do you think cloning can make it？If you were Yueyue, would you have it cloned? Let's read the text and then use what you've learned to solve the problems.

教师呈现两张图片加英语的小新闻来引发学生的阅读兴趣。新闻内容是，去年，陪伴17年的宠物狗去世，上海妹子花38万克隆生命。教师利用多模态文本的基本方法把这个新闻进行改动，以图片加英文的形式呈现给学生，老师还特别对"clone"一词加粗，斜体，呈现红色，引起学生关注话题词汇。这部分的设计意图，是期望能帮忙激活学生已有图式，引起学生对克隆这个话题的兴趣。学生只有对要阅读的文本产生兴趣，才能为学生的思维发展打下基础或者做好准备，也为后文的答记者问和写作埋下伏笔。

（2）聚焦题眼，启动头脑风暴（5分钟，IW，PW）。

T presents the title, the pictures of the process of cloning Dolly the sheep to the Ss and asks them to raise questions in order to guess what the text may try to explore. The questions they will raise will help them better understand the main idea of the text and also help to spark their reading interest.

这部分的设计意图，是让学生观察和辨析，让学生以问题链的方式来猜测文章可能涉及的内容。学生提出的问题可能有"What is cloning？""Where is it leading us？""Is cloning good or bad？""What is cloning for？""Does it cost much？"当学生在思考问什么问题的时候，就要分析标题，要想着自己问的问题怎样才符合逻辑，推断文章的主要内容，这样就能提升学生的逻辑思维，学生也会形成阅读期待，带着接下来要对文本辨析的思维去阅读篇章。

---

① 在这部分中，IW 为 Individual Work 的缩写、PW 为 Pair Work 的缩写、GW 为 Group Work 的缩写、CW 为 Class Work 的缩写、T 为 Teacher 的缩写、Ss 为 Students 的缩写。

通过标题问问题，接下去再阅读验证，有助于满足学生的好奇感，激发成就感。

（3）拼图游戏，理顺篇章框架（5分钟，IW，CW）。

Step 1：T presents Ss the first sentence of each paragraph and Ss are told to put them in the right order based on the title of the text.

The following are the sentences：

Cloning has two major uses.

On the one hand, the whole scientific world followed the progress of the first successful clone, Dolly the sheep.

Although at present human egg cells and embryos needed for cloning research are difficult to obtain, newspapers wrote of evil leaders hoping to clone themselves to attain their ambitions.

On the other hand, Dolly's appearance raised a storm of objections and had a great impact on the media and public imagination.

Cloning has always been with us and is here to stay.

Step 2：Based on the above sentences, Ss decide the text type and later try to sum up the main idea of the passage.

学生不看课文，教师把每段首句呈现给学生，但打乱顺序，让学生在标题的指引下，把它们排序，之后让学生根据这些首句尝试归纳大意并快速浏览文本。就像一张拼图，拼起来需要观察，需要逻辑思维。5个打乱的句子，基于文本一个标题，把它拼成一个完整篇章的框架，需要学生辨析和分析每句话的意思以及句子和句子之间的关系，形成符合逻辑的篇章。

教师通过醒目的颜色让学生注意核心词 cloning。同时，教师故意突出语篇标记词 on the one hand, on the other hand 的颜色，给学生搭建好足够的支架。对于层次高的学生，教师甚至可以把每段的首尾句全部打乱，让学生排序。这个活动还有一个好处，在步骤2形成的阅读期待和猜测中可以在步骤三中自我验证。排序后，学生就能体会到首句能起到总起句的作用，通过阅读文本快速浏览还能再次验证自己的理解，并在大脑中对说明文的框架形成初印象。

（4）持续默读，理清事实性信息（10分钟，IW）。

T asks Ss to scan the text and try to find out the answer to the questions below. Ss are given enough time to read the text. Questions are：

What is cloning?

What are the two majors uses of cloning and how was Dolly the sheep produced?

Why are three questions raised in the end of paragraph 3?
What happened to Dolly?
What impacts does the cloning of Dolly have?
What reactions do people have after the cloning of Dolly?

没有低阶思维的发展，就没有高阶思维的形成。而思维要活跃起来，需要对文本有一个很好的认知。持续默读活动通过实证研究，对学生月的能力的提高帮助很大，持续默读活动即老师安排出一定的时间让学生安静阅读，时间长短取决于学生所在的年级和阅读水平。因此，这部分的设计意图，在给学生足够的阅读时间，让学生理清文章中的事实性信息。这样不仅有助于学生熟悉话题词汇，也能为学生后期的文本复述做好准备。此外，问题"Why are three questions raised in the end of paragraph 3?"是一个很值得思考的问题，可以让学生体会到问句的魅力。

（5）瞻前顾后，推断词汇意思（5分钟，IW，PW，CW）。

T asks Ss to guess the meaning of some key words and asks: Can you guess the meaning of "breakthrough", "straightforward" "impact" and "controversial"? How do you know? Choose one word and share your strategies.

Cloning plants is straightforward while cloning animals is very complicated.

But at last the determination and patience of the scientists paid of in 1996 with a breakthrough.

On the other hand, Dolly's appearance raised a storm of objections and had a great impact on the media and public imagination. It became controversial.

这部分让学生猜测词义，这四个词汇是文章的核心词汇，一个有关克隆的突破，一个有关克隆技术从简单到不简单，一个有关影响，一个有关争议。但是这四个词汇，恰好上下文的语境以较清晰，可以激发学生观察和寻读，关注上下文语境并分享猜词策略，这其中就需要学生启动他们的逻辑思维。学生要分享猜词策略，势必要动脑，总结归纳。此外，这四个词的猜测词义，可以为学生更好地扫除阅读障碍，降低阅读难度，增加阅读文本的自信心。

（6）再读文本，寻语篇标记词（7分钟，IW，GW）。

Step 1：T instructs Ss to think about the purpose of using "on the one hand, on the other hand"（Which are defined as discourse markers）.

Step 2：Ss are told to search for other discourse markers.

基于步骤2的练习，学生能够发现语篇标记词很有用，对语篇标记语的关注比如 It happens..., It also happens...; Firstly, Secondly, But at last...; on the one hand, on the other hand, Although, However 等可以帮助建构对说明文

文体特征的认识，体验语篇标记词的重要作用，比如语篇标记词对逻辑地表达自己的观点也很有帮助。关注语篇标记词，了解说明文的框架，也为后面表达自己的观点，写作等输出活动提供支架。

（7）思维导图，梳理复述要点（10分钟）。

Ss sort out the details of the test by designing or completing mind-maps and retell the text in their own words（如图7-2所示）. Ss can choose any paragraph or the whole text to make a mind-map and retell it.

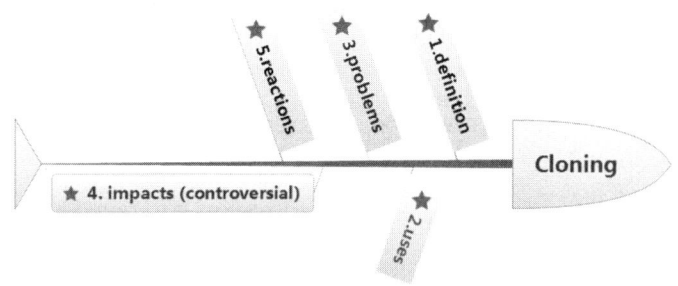

图7-2 Mind-maps

The following questions that students have answered in the previous part can offer scaffold to them.

Paragraph 1：What is cloning?（definition）

Paragraph 2：What are the two majors uses of cloning and how was Dolly the sheep produced?

Paragraph 3：What happened to Dolly?（problems）

Paragraph 4：What impacts does the cloning of Dolly have?

Paragraph 5：What reactions do people have after the cloning of Dolly?

The samples of mind-maps are（如图7-3至7-8所示）：

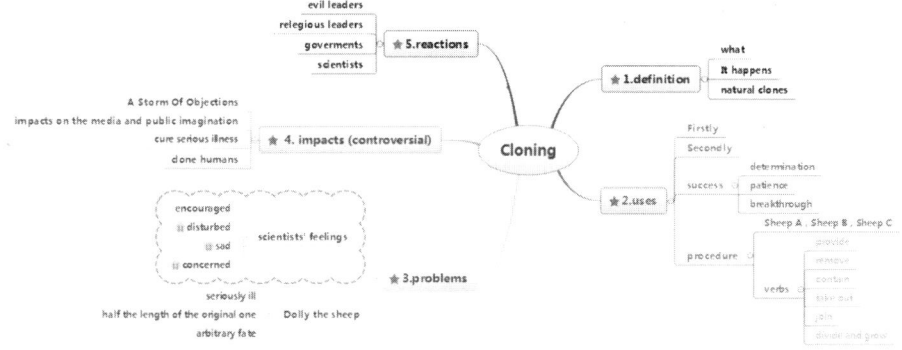

图7-3 Mind-map sample 1

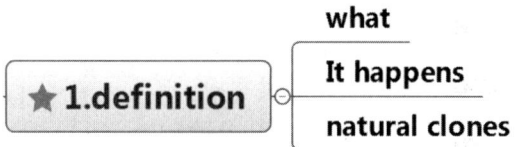

图 7-4 Mind-map sample 2

图 7-5 Mind-map sample 3

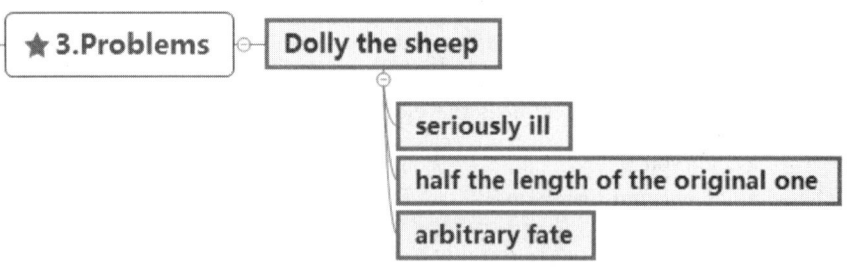

图 7-6 Mind-map sample 4

图 7-7 Mind-map sample 5

图 7 - 8　Mind-map sample 6

教师对不同层次的同学提供不同的支架，比如高层次的同学可以就全文来自制思维导图，普通层次的学生可以就某一段或某个角度来自制思维导图。基础落后的同学，也可以根据老师的思维导图整理梳理文本线索。教师把学生已经回答的若干问题呈现给学生，让学生有重点地梳理文本，为文本复述做好准备。顾敏通过研究发现，思维导图对学生思维能力的发展和阅读教学质量的提升都产生了积极的作用。① 思维导图是可视化工具，学生基于文本复述的要求，在自己绘制思维导图的时候，对文本进行归纳、思考、寻读并整合重要信息，形成自己的复述文本。教师也可以提供第一段的思维导图，剩下的段落的思维导图让学生自由发挥，等学生发挥梳理完文本后，最后教师还可呈现自己整合的思维导图和学生对比。思维可视化工具的运用可以促使学生有目的地阅读文本，熟悉文章框架，组合自身语言，恰如其分地复述文本。

2. 深入语篇，活跃批判性思维（10 分钟，IW, PW, CW）

（1）评价科学家的情感态度变化。

Can you find out the changes of scientists' feelings towards the cloning of Dolly the sheep? Why do you think the scientists have such feelings? If you were one of the scientists, what would you feel?

教师要努力挖掘文本中能够引发学生深度思考的问题，让学生通过关注和评价科学家对克隆羊的感受的变化，体会克隆技术成功的不容易，感受科学家们的担忧，坚定和努力。体现科学家们的感受的关键词汇是 encouraging、disturbing、cast down、sadly、concerned（如图 7 - 9 所示），除了找出科学家们的感受，学生也要表达自己的感受。假设自己是科学家之一，你会有什么样的感受？这就促进学生批判性地看待科学家的感受并因此体会科学

---

① 顾敏. 融入思维导图的高中英语阅读文本解读 [J]. 教学与管理，2014（13）：45 - 47.

技术发展的不易。

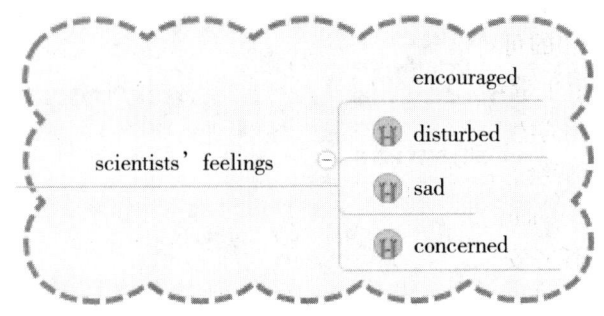

图 7-9　科学家感受词汇

（2）评论作者的态度，表达自己的观点。

Is the writer for or against cloning? What do you think is the purpose of the text? Give your reasons.

让学生思考作者是否表达自己对克隆技术的支持或是反对以及这篇文章的写作意图，从而能推断出作者站在一个中立角度的缘由是为了让学生能在作者提供的文本中辩证地思考克隆技术的优缺点，然后形成自己的独立思考。这也是对学生批判性思维的一个训练。

3. 超越语篇，激发创新思维（10 分钟，IW，PW，CW）。

（1）群文阅读，促输入（15 分钟，IW）。

T presents four texts based on the same theme and asks Ss to read them to find out the advantages and disadvantages of cloning（见表 7-2）。

Article 1 *Debate on Cloning Humans*

Article 2 *A dog to be cloned*

Article 3 *Is human cloning technology fearful?*

表 7-2　克隆好处与坏处

Cloning	advantages	disadvantages	Your opinion
Article 1			
Article 2			
Article 3			

中国台湾学者赵镜中首次提出群文阅读教学活动，即结合教材及课外读

物，针对相同的议题，进行多文本的阅读教学的活动。① 多文本的阅读活动，让学生在限定时间内大量地输入语言。Krashen 的语言输入假设理论认为，只要人们接受足够的可理解的 i + 1 的语言输入的时候，人们更容易习得语言。② 群文阅读学生带着问题寻找信息，进行信息之间的对比和归纳并且形成自己的想法，让学生在限定的时间最大量地进行有意识的输入。

（2）记者招待会，助输出（20 分钟，GW）。

A Press Conference, Are you ready?

记者招待会任务安排：

首先，人员安排。一个主持人，5 个科学家，剩下的学生当记者。

其次，记者被分成 6 个小组，每个小组的每个学生准备两个自己最想从科学家那里得到答案的两个问题。以小组为单位，提炼出最有代表性的两个问题但是避免跟别的记者一样的问题。

最后，记者有多重任务，学会在原来的问题上获得答案后继续发问。即追问，以更好地获得对克隆更深一层的积极的意义的理解。

Swain 的语言输出假设认为，语言输出有三大功能，其中包括促进语言学习者注意语言形式，检验自己提出的假设以及有意识地反思的功能。③ 而这些都需要启动学习者的思维。在这个小组活动中，为了成功地召开答记者问，在群文阅读环节，学生带着输入后要输出的任务进行阅读，目的性更强，会更大地调动自己的认知，启动自己的高阶思维以让自己在输出部分有话说并且能增强语言自信感。在小组合作中，学生召开记者招待会，答记者问，需要同学们互相认真听对方提出的问题，之后整合自己课文中获取的观点，整合在群文阅读中收货，调动自己的各种思维，输出语言。在语言输入和输出中，学生都要综合运用逻辑思维，批判性思维，创造性思维来促进更好的输出，特别是在追问环节，不管是记者还是科学家还是主持，都对其创造性思维提出了挑战。此外，这场记者招待会让学生更加客观和深刻地理解克隆技术的意义。

（3）以写促读，给 Yueyue 的一封信（10 分钟，IW）。

As for Yueyue, could you write a letter to tell her your opinion on cloning so

---

① 赵镜中. 提升阅读力的教与学：赵镜中先生语文教学论集［M］. 台北：万卷楼图书，2012：43.

② KRASHEN S. The input hypothesis：input and implication［M］. London：Longman，1985：87 - 89.

③ SWAIN M. Output hypothesis：its history and its future［J］. 外语教学与研究，2008（1）：45 - 50.

that she can make a better choice? You need to state your viewpoint and give supportive evidence.

Dear Yueyue,

You asked me whether you should have your dog cloned. I think . . . . .

There are several reasons for it. Firstly . . . . Secondly . . . . . Lastly . . . .

To sum up . . .

有了文本的深度学习,有了对克隆优缺点的认知以及上一个步骤"答记者问"对克隆的意义的更深层次的理解,这时候,让学生给玥玥写一封信表达自己对克隆的观点就容易多了。语言表达需要调动学生的语言、策略等,是激发创新思维的重要途径。

五、作业设计

(1) Option 1: Surf the Internet to read two more texts concerning cloning and then sum up the main idea. Share it with your classmates tomorrow in class.

(2) Option 2: Suppose your loved one pass away, will you have him/her cloned? Why or why not. immerge yourself in the English corner and talk about cloning with your friends.

(3) Option 3: use what you've learned about cloning to make a newspaper written in English by group work.

(4) 作业范围涉及听说、读看和写。作业1让学生上网查找多两篇同一话题的文章并总结大意分享。作业2,假设自己最爱的宠物去世了怎么办,就这个话题在英语角讨论起来。作业3是做手抄报。学生根据自己的水平来完成相应难度的作业。作业的布置依然考虑最大化地让学生将所学的东西用起来,让自己的思维活跃起来,最大化地调动学生的逻辑、批判和创造性思维,用英语做事,用英语解决问题。

六、板书设计

板书设计如图7-10所示。

图7-10 板书设计

第八章　基于思维品读质培养的英语阅读教学设计

——以人教版高中《英语必修 5》 Unit 1 *Great Scientists* 的主题课文 *John Snow Defeat "King Cholera"* 为例*

一、教学理念

《普通高中英语课程标准（2017 年版）》指出，普通高中英语课程具有重要的育人功能，旨在发展学生的语言能力、文化意识、思维品质和学习能力等英语学科核心素养，落实立德树人的根本任务。[①]

在整个英语教学过程中，阅读教学对培养学生的核心素养所发挥的作用是最大的。[②] 因此，笔者认为，在实施阅读教学时，教师应引导学生运用已有知识，综合文本信息，运用批判性思维，深入研读阅读语篇，积极思考，探讨主题意义，提升思维品质。

二、教材分析

本课教学文本为人教版高中《英语必修 5》第一单元的阅读文章。这篇文本简述了 19 世纪英国医生 John Snow 是如何一步步查找出发生霍乱的原因，拯救人民于水火之中的一篇记叙文。文章脉络清晰，阅读难度中等。如今，在新冠病毒流行的世界里生活的我们，读到一篇 100 多年前人们对抗瘟疫之病的文章，应该会有共鸣。

---

* 本章由湛江市坡头区第一中学朱辉执笔。

① 教育部. 普通高中英语课程标准：2017 年版 [M]. 北京：人民教育出版社，2018.

② 张献臣. 基于英语学科核心素养的中学英语阅读教学 [J]，中小学外语教学（中学篇），2018（6）：1-5.

当年这样一件震惊世界的事情，由于限于篇幅和高二学生的阅读能力，文章经过删节以及简化，很多描写细节没有了。一篇文章的细节往往决定了文章的画面是否足够精彩。因为这个原因，学生可能会觉得文章不够有吸引力。为了弥补这一缺点，授课教师需要做出精心的引导，这样才能成功带领学生深入研读语篇，积极思考，探讨主题意义，提升思维品质。

三、学情分析

本课例的授课对象为高二某班级学生。这个班的学生学习英语有热情，但是基础一般。受制于词汇量和句式的缺乏，让他们用英语表达自己的想法有一定的难度。因此，在授课过程中，授课教师必须尽量使用简单的英语来表述观点以及发出指令，并且辅助以一定的肢体语言。

四、设计思路

《普通高中英语课程标准（实验）》指出："课堂教学应改变以教师为中心，单纯传授书本知识的教学模式。教师应该帮助学生发展探究知识的能力、获取信息的能力和自主学习的能力。"①"在教学中应增加开放性的任务型活动和探究性学习内容，使学生有机会表达自己的看法与观点。教师要鼓励学生学会合作，发展与人沟通的能力。"②

授课教师总的教学设计思路是这样的：总—分—分—总—局部，将以9个步骤来展开。

（1）Step 1：悬念式引入（唤醒学生阅读兴趣）。

（2）Step 2：读每段第一句快速获取文章大意（快速拉近学生与文本的距离，产生成就感）。

（3）Step 3：排列整理文本情节（从更加立体的角度理解文本）。

（4）Step 4：信息差获取文章细节（以微距的角度来理解文本）。

（5）Step 5：短文填空（回归文本主题）。

（6）Step 6：文本标题对比（再次凝练主题）。

（7）Step 7：关注文本中表达"不确定"意思的句子（局部放大文本，学会某种表达法）。

（8）Step 8：描述主人公性格（传递价值取向）。

（9）Step 9：布置作业（能力迁移）。

---

①② 教育部. 普通高中英语课程标准（实验）[M]. 北京：人民教育出版社，2003.

五、教学目标

（1）掌握一定的阅读策略（获取大意、寻找细节、文本标题的选择）。
（2）梳理主人公打败霍乱的过程。
（3）会使用句子表达不确定的情况。
（4）领会文本传递的主题意义，形成积极的价值取向。

六、教学过程

在整个教学过程中，学生都不需要打开课本。授课教师会为每个学生准备两张纸，第一张纸上，打印了整篇文本，但是没有标题；第二张纸上，打印了 7 个问题，以及文本的一部分。

1. Step 1：Lead-in to arouse interest

步骤 1 将引入话题、征集问题和激活悬念。
T：We all know something about COVID.
（出示一些与新冠病毒有关的图片。）
T：It causes a large number of people lose their lives all over the world. Luckily, our government took actions quickly and put it under control successfully. However, many countries are still struggling with it.
T：As a matter of fact, during the long history of human beings, the diseases like COVID happened now and then. For example, A Cholera hit London in 1854.
（教师打开一个关于霍乱的视频）。
T：As for Cholera, what do you want to know?
S：How many people died of Cholera?
S：What were the causes of it?
S：How long did it last?
S：....

步骤一的设计意图，是在本节课的导入环节，教师利用学生已知的知识去联系文本语篇的未知，引出话题。通过播放视频和图片唤醒学生求知的欲望。然后，授课教师引导学生在进入阅读之前进行各种提问，引发悬念。

根据《现代汉语词典》和《辞海》的解释，悬念是欣赏戏剧、电影或者其他文艺作品时的一种心理活动，即关切故事发展和人物命运的紧张心情。作家和导演为体现作品中的矛盾冲突，在处理情节结构时常用各种手法引起观众或读者的悬念以加强作品的思想、艺术感染力。

在引入环节设置悬念，符合大脑的工作机制，更是符合青少年的学习心理。

2. Step 2：Reading for the general idea

步骤2，是授课教师将第一张纸发给学生，并指导学生快速浏览每段第一句，以便迅速获取文章大意。

T：When we need to get the main idea of a passage, try to get it by reading the first sentence of each paragraph and the last sentence of the whole passage. By doing this, we can quickly get a general idea of the whole passage.

T：Could you use one or two sentences to tell us what the passage are about?

S：John Snow defeated King Cholera.

T：Well done!

S：...

（授课教师把每段第一句话以及文本最后一句话呈现在大屏幕上。）

Paragraph 1：John Snow was a famous doctor in London – so expert, indeed, that he attended Queen Victoria as her personal physician.

Paragraph 2：He became interested in two theories that possibly explained how cholera killed people.

Paragraph 3：John Snow suspected that the second theory was correct but he needed evidence.

Paragraph 4：First he marked on a map the exact places where all the dead people had lived.

Paragraph 5：Next, John Snow looked into the source of the water for these two streets.

Paragraph 6：In another part of London, he found supporting evidence from two other deaths.

Paragraph 7：To prevent this from happening again, John Snow suggested that all the water supplies be examined.

The last sentence：Finally "king Cholera" was defeated.

（学生填空。）

Passage was about _____ did John Snow _____, _____ data and find the _____ of the disease and _____ it.

步骤2的设计意图，是授课教师在这个环节通过阅读每段第一句话，从而快速获取文章的主题大意，使得学生与文本的距离一下子拉近，学生快速产生"获得"感，并产生出更想要阅读的欲望。此外，授课教师在此处普及的阅读技巧为学生搭建了阅读的支架，提高了学生的阅读效率。

3. Step 3：Reading to sort out the context

步骤3通过事件排序，梳理文章脉络。授课教师让学生通读全文，对事情的发生按照时间进行排序。同时，为学生呈现阅读策略——Locate the information in the passage and pay attention to the timeline. 以此提示学生可以先找这些事情在文本中的位置，然后再按时间顺序进行排序。完成后，学生之间先互相核对答案。接着，再听任课教师公布答案。最后，任课教师让学生齐读排好顺序的句子，以达到内化文本信息的作用。

_____ John Snow began to test two theories.

_____ An outbreak of cholera hit London in 1854.

_____ John Snow marked the deaths on a map.

_____ He announced that the water carried the disease.

_____ John Snow investigated two streets where the outbreak was very severe.

_____ King Cholera was defeated.

_____ He found that most of the deaths were near a water pump.

_____ He had the handle removed from the water pump.

步骤3的设计意图，旨在通过排序练习，考查学生对文章逻辑关系的识别。学生通过快速浏览文本，梳理文章脉络，理解文本逻辑关系，为后续整合细节信息作铺垫。教师在课堂教学中有意识地渗透阅读策略和技巧，引导学生快速查找并梳理信息，帮助学生降低阅读的障碍感，提高学生的阅读效率。

4. Step 4：Reading to get important details

步骤4中，授课教师让学生的第一张纸收起来，给每个学生发下第二张纸。每个学生的纸上都有7个问题。其中，一半学生的纸上面只打印了课文的1~3自然段，另外一半学生的纸上只印有课文的4~7段。

（1）John Snow often visited Queen Victoria at those years，why？（Paragraph 1）
（　　　　　　）_____

（2）What made him feel inspired？（Paragraph 1）
（　　　　　　）_____

（3）What was the key to defeat Cholera？（Paragraph 1）
（　　　　　　）_____

(4) In which year, another Cholera broke out in London?（Paragraph 3）
(　　　　　) _____

(5) During the Cholera, what did John Snow do with a map ?（Paragraph 4）
(　　　　　) _____

(6) What was the cause of the Cholera?（Paragraph 5）
(　　　　　) _____

(7) What did you do after you found out the cause?（Paragraph 6）
(　　　　　) _____

（给学生 5 分钟时间来进行阅读，要求回答所有的问题，在自己的纸上找不到的答案，可以离开座位，去找别的同学寻找答案。找到答案之后，把答案记录到纸上，并且记录下提供了答案的同学的名字。一个问题，只能找一个同学。为了节省时间，每一个答案出现的段落也已经给出，写着问题的后面。）

（学生互动结束之后，教师让一组学生进行对话展示，把问题回答的关键词，即斜体部分，打在大屏幕上。）

(1) John Snow often visited Queen Victoria at those years, why?（Paragraph 1）

Because he was *an excellent physician*, who attended Queen Victoria as her personal physician.

(2) What made him feel inspired ?（Paragraph 1）

Facing the challenge to *defeat Cholera* made him feel *inspired*.

(3) What was the key to defeat Cholera?（Paragraph 1）

Find out the cause of Cholera.

(4) In which year, another Cholera broke out in London?（Paragraph 3）

In 1854, another out break hit London.

(5) During the Cholera, what did John Snow do with a map ?（Paragraph 4）

He *marked on a map* the places where the dead people caused by Cholera had lived. By doing this, he found out the cause of Cholera.

(6) What was the cause of the Cholera?（Paragraph 5）

The dirty water polluted by the dirty river from London

(7) What did you do after you found out the cause?（Paragraph 6）

He *removed the handle* of the pumps and suggested the government that all the source of water should be *examined*.

步骤 4 的设计意图，是由于语言学习，除了学习语言本身，语言的重要功能是交流。因此，在阅读课里穿插学生与学生的交流是符合语言学习的原则的。此举，不仅促进了语言学习的灵动性，更激活了学生交流的积极性。

这个获取文本细节的过程，通过"信息互补"来达到。因为有了信息差，学生的交流成为必须，授课教师以此来增强学生听、说、写以及交流的能力。此外，因为学生的基础比较弱，所以教师在问题后面提示了答案所在的段落，以此来减少学生阅读的障碍感。根据学生的水平来搭建支架是教师在教学过程中必备的技能。

5. Step 5：Filling the blanks to integrate the content

步骤 5 以填空的形式再次整合文本内容（对于学习程度比较好的学生，授课教师鼓励他们不看填空，自己独立完成文本简述）。

（教师带领学生根据步骤 4 中的关键词，完成短文填空。）

John Snow was a well-known _____ in London in the _____ century. He wanted to find the _____ of cholera in order to _____ it. In _____, when another cholera _____ out, he began to gather information. He _____ on a map where all the dead people had lived and he found that many people who had drunk the dirty water from the _____ died. So he decided that the _____ water carried cholera. He suggested that the _____ of all water supply be _____. Finally, "King Cholera" was defeated.

步骤 5 的设计意图，是教师在此以一个缩写的文本填空来再次整合文本内容。以步骤 4 的互动为支架，学生已经获取了关键细节的信息，完成此处的填空是水到渠成的事情。课进行到此处，教师已经带领学生完成了一个对文本从总—分—总的过程。

Step 6：Reading to appreciate the sentences which describe uncertainty.

步骤 6 关注文本中描写"不确定"的句子。

（教师让学生把第一张纸拿出来，在文本中把那些带有"不确定"的句子标注出来。）

T：When John Snow were looking into the cause of Cholera, he sometimes were not so sure. Now please find out the sentences which express the attitude of uncertainty.

（几分钟后，教师让两个学生分享他们找到的句子。）

（1）He became interested in two theories that possibly explained how cholera killed people.

（2）John Snow suspected that the second theory was correct but he needed evidence.

（3）The first suggested that cholera multiplied in the air.

（4）It seemed that the water was to blame.

（授课教师让学生齐读这些句子并造句，达到强化以及创造的目的。）

T：Could you make up a sentence with one of the words in yellow?

S1：It seemed that the he didn't trust you at all.

S2：The teacher suggested that I had made many mistakes.

S3：...

步骤 6 的设计意图，是找出文本中表示不确定的句子，就是引导学生关注文本细节之外的更加细微处，这些细微处往往藏着主人公或者作者的态度。授课教师此举旨在引导学生从文本的细微之处来理解文章蕴含的态度。

Step 7：Creating a good title to emphasize the theme

步骤 7 是凝练主题，给文本一个标题。解读文章标题不仅能揣测作者的写作意图，也能预测文章的主要内容，还能获得更多的隐含信息。因此，解读标题能为正文的深入阅读确定大致的方向。

（授课教师让学生给文章添加标题，小组讨论后展示并且说明原因。其中，两个小组的阐述如下。）

G1：Our title is *John Snow and Cholera*, because the story is about John Snow and Cholera.

G2：Our title is *How Cholera was defeated*, because the story tells us how he found out the cause of Cholera, and took actions to stop it.

（随后，教师揭示文章原来的标题，让学生比较自己的创造的标题和原来标题。）

T：Now, let's look at the original title *John Snow Defeats "King Cholera"*. In fact, the original title is really similar to the title given by you "*How Cholera was defeated.*" Which one is better?

S：I like the original title, because it looks more powerful.

S：I have the same feeling, the original title is so powerful that it is easier to catch our attention.

S：The original title summarizes the article better.

T：It seems we all agree that a good title should include two factors：summarizes the article and catch the readers´ attention.

一个标题对于一篇文章来说，就像一双眼睛之于一个人。步骤 7 的设计意图，是授课教师先鼓励学生根据文本内容创建自己的标题，然后出示原标题，让学生进行比较。这个比较过程的目的，在于强调一个好的标题的两大元素。

教师引导学生进行了 3 轮阅读之后，学生对于文本的理解已经足以支撑他们创建出一个合适的标题。由于支架搭建得当，结果的生成就进行得顺理成章。

Step 8：Describing the personality of John Snow

步骤 8 是授课教师组织全班对于 John Snow 的性格进行描述。在这个环节中，教师让每一个学生根据文章，说出一个形容词来描述自己对 John Snow 的看法，并说明理由。在此，教师提供了一系列的形容词，如 smart、inspired、subjective、objective、brave、ambitious 等，供学生选择，并对其中一些比较不常见的词进行解释。

T：What kind of person do you think John Snow was?

S：I think he was very analytical because he made use of a map to find out the cause of Cholera.

S：John Snow was smart and intelligent. He was a doctor, but in fact, he worked like a detective and finally found out the cause of Cholera.

S：He was caring and devoted. As we know, Cholera was very dangerous and killed a lot of people, but he risked his life to find out the cause to defeat it so that people were saved.

S：...

T：According to what you said, we can draw a conclusion that John Snow was not only very intelligent and analytical but also caring and devoted. Do you think so?

S：Indeed! He was such a great person.

T：I am sure some of you will be as great as John Snow as long as we work hard to improve ourselves.

步骤 8 的设计意图包含三个方面。

（1）培养学生推导、归纳的能力。从已经知道的事实推导出文本未说出来的，也就是读懂"言外之意"，这是学生在生活中以及在阅读中都必须掌握的技巧。

（2）授课教师引导学生通过分析主人公的性格，达到传递价值观的目的，这就是人们常说的"文以载道"。一节没有价值观的课是一节没有灵魂的课。

（3）面对一篇阅读文章，授课教师应该尽量挖掘出文本的高度、深度和温度。分析人物性格增加了阅读的温度，因为此处学生会有共情、向往和佩服，想要成为这样的人。

Step 9：Homework

迁移和运用是读后活动，是语言的产出活动。理想的阅读教学活动应该将可理解性输入和可理解输出有机结合，使语言教学形成一个动态的平衡结构。① 步骤 9 是教师设计的迁移和运用活动。

（授课教师让学生写一封信给 John Snow，表达对他的敬意。务必使用到一句表示"不确定"的句子。）

T：Write a 100-word paragraph to express your respect for John Snow. In your letter, you first give a brief description to what he had done to protect people from being killed by Cholera. Then you tell him what you think about this and show you respect for him.

步骤 9 的设计意图，是由于作业的目的是巩固、内化课堂所学内容。同时，有帮助学生完成能力迁移的功能。授课教师立足于课堂，布置的作业属于创造层次，是在深度阅读基础上的深度表达。

七、教学反思

英语阅读教学要改变长期存在的、孤立的以知识和技能为主的碎片化教学现象，同时也要解决情感态度与价值观"贴标签"的问题，使英语课程成为整合、关联、发展的课程，更好地落实立德树人的根本任务。② 文以载道，语言即是交流的工具，也是思想文化的载体。一节成熟的阅读课，应该做到兼顾交流和载道的功能。

授课教师在课后进行了深入的反思，认为本节课的成功之处在于以下几方面。

1. 教学主线的设计清晰、明确

教师从引入部分的引发悬念——通过首句获取文章大意——理清脉络——寻找关键细节——再次整合文章内容——赏析特定句子——标题选择，最后是人物性格分析。每一个步骤都是围绕 John Snow 是如何找到霍乱之源，从而打败的霍乱的主题来展开。

2. 读中活动的设计层次分明、由浅入深

在教学主线的引领下，教师根据学生的认知特点设计了循序渐进、由浅入深的教学活动。在整个教学过程中，每一个活动都为下一个活动做好铺

---

① 张献臣. 基于英语学科核心素养的中学英语阅读教学［J］，中小学外语教学（中学篇），2018（6）：1-5.

② 梅德明，王蔷. 改什么？如何教？怎样考？：高中英语新课标解析［M］. 北京：外语教学与研究出版社，2018.

垫，学生在教师提供的支架下比较轻松地完成了学习任务。从教学效果来看，整节课学生参与度很高，实现了从输入到输出的一气呵成，达成了既定的教学目标。

3. 阅读策略的指导恰当、有效

本节课中，学生对整篇文本进行了三次阅读，其中两次阅读教师给予了学习策略的指导。第一次阅读前，教师指导学生关注文本每一段的第一句话，从而获取文本的大意。第二次阅读前，教师指导学生在阅读中定位关键信息并关注时间线索。在阅读前给予学生适当的阅读策略指导，可以降低阅读任务的难度，不仅能让学生轻松地完成阅读任务，增强学生的阅读自信心，而且能培养学生的阅读能力。

4. 课堂活动符合人类的学习心理

符合人的学习心理，是一切学习得以有效发生的基础条件。

步骤1的引入环节中，教师让学生在阅读正文之前，先提出自己想要了解的问题。因为这些问题，学生在自己的大脑里设置了悬念，因为这些悬念，学生会对阅读文本充满期待。

在步骤4的走动与同学交流获取细节信息的活动中，教师利用了学生之间的信息差，使得学生交流的欲望真实地存在，所以交流也就自然而然发生。人类是群居动物，交流是我们的本能，语言产生的初衷更是为了交流，所以在语言课堂活动中加入"走动交流"是符合语言学习的需要的。

在步骤6中，教师让学生先自拟文本标题，接着对比原标题，引导学生注意到一个好标题所需的元素，同时再次凝练主题。这个过程，先是独立思考，引发悬念，然后通过对比，解决悬念。这些活动的设置都是基于人类的学习心理的。

第九章　基于思辨能力培养的以读促写教学课例分析

——以人教版高中《英语必修2》Unit 2 The Olympic Games 的课文 The Story of Atalanta 为例 *

一、引言

《普通高中英语课程标准（2017年版2020年修订）》（以下简称《课标》）的理念是发展英语学科核心素养，落实立德树人根本任务；构建高中英语共同基础，满足学生个性发展需求；有效设计英语学习活动，着力提高学生学用能力；完善英语课程评价体系，促进核心素养有效形成；高中英语课程的具体目标是培养和发展学生的语言能力、文化品格、思维品质、学习能力等学科素养。①《课标》指出，在高中英语学习中，不再是简单地将听、说、读、写四项语言技能分离开来培养，而是将四项技能有机结合起来，着重培养学生的综合语言运用能力，尤其是提高学生进行思维和表达的能力。英语听、说、读、写四项技能相互依存、互相促进，你中有我，我中有你，只有将多种技能综合运用才能达到综合能力的提升。然而高中英语教学实践往往倾向于"重接收、轻思考"的模式，教师们容易将读写分离，忽视了阅读与写作之间的密切关系，更忽略了学生在阅读中思辨能力的培养。批判性思维在英语阅读和写作中没有得到足够的重视，学生便没有养成探究、质疑和批判习惯，很少运用批判的眼光去思考、去发现、去创造，不善于主动思考、分析和解决问题。

2016年，浙江省高考首创英语写作新题型——读后续写，该题型的启用在于培养学生的综合语言运用能力和思维品质、思辨能力、创新精神、想象

---

* 本章由浙江省宁波市奉化高级中学曾小珍执笔。

① 教育部. 普通高中英语课程标准：2017年版2020年修订 [M]. 北京：人民教育出版社, 2020.

能力，促进学生学科核心素养的形成。读后续写立足于学科核心素养，将英语阅读与写作紧密联系起来，阅读教学是教师、学生、文本之间的对话过程。教师引领学生从多个维度对文本进行立体、多元的解读，通过阅读教学，实现提高学生语言技能、语言知识、情感态度、学习策略、文化意识等语言综合运用能力的目标；续写不是独立的写作，学生对阅读文本的认知与理解是进行续写的基础，故而读后续写是文本重建的过程，也是检验阅读教学效果的环节，旨在激发学生的创新精神、想象能力，从而达到学生的综合语言运用能力和思维品质、思辨能力的提升。教师引导学生通过阅读获取并处理信息，而后将之运用于写作中，是促进学生综合语言运用能力的有效途径。因此，如何将读写有机地结合起来，达到读后思考、批判，以读促写，读写共进，极具现实意义。本章以人教版高中《英语必修2》Unit 2 The Olympic Games 的课文 The Story of Atalanta 为例，对基于核心素养的高中英语以读促写课之思辨能力培养进行探讨解析。

二、课例分析

1. The analysis of the teaching material

The topic of this lesson is "The story of Atalanta" from Book 2 Unit 2 *Using Language*. It is a narration based on the background situation when women were not allowed to take part in the Olympics in ancient Greek, which is an extension of Olympic theme, the topic of Unit 2. Setting the running race between Greek princess Atalanta and the young man Hippomenes as the mainline, the story aims to develop readers' deep understanding about various topics such as religious belief, the spirit of the Olympic games, the equality between men and women, true love and kindness. This is a story without ending, which can greatly stimulate students' interest in finishing it after reading.

2. The analysis of students

This lesson is for students in senior Grade one, who are curious about exploring the unknown world and interested in the loving story. Therefore, it is easy to inspire students to take part in the teaching activities and motivate their learning enthusiasm. Having finished the learning of warming up, reading and learning about language, students have known some basic background knowledge about the Olympics, such as the development and spirit of Olympics, differences between the ancient and modern Olympics, which helps them understand this reading passage better and easier. Moreover, with the help of the former reading article as well as the teacher's guidance, students are provided more chances to cultivate their critical thinking deeply.

3. Teaching objectives

(1) By the end of this lesson, students will be able to know some basic background knowledge about the Olympic Games and understand "the story of Atalanta" which is before the race.

(2) Students will use what they learnt in this lesson to practice the continuation writing.

4. Ability objectives

(1) To acquire the tips on searching for the detailed information in the narration by raising and answering 5W and 1H questions.

(2) To help students gain the skills of discovering, analyzing as well as solving problems.

(3) To foster students' comprehensive reading ability and critical thinking ability.

5. Emotion objectives

(1) To foster students' learning interests and develop their love for Greek mythology.

(2) To guide students to learn and analyze the history about the unfair situation where women were not allowed to take part in the ancient Olympic Games.

(3) To help students recognize the differences between the ancient and the modern Olympics, Chinese culture and English culture.

6. The important and difficult points

Master the 6 elements in the narration and make a good preparation by debating for the continuation writing.

Gain the skills of discovering, analyzing as well as solving problems and develop critical thinking ability.

7. Teaching tools

Teaching tools includes PPT, photos, multi-media elements, mind maps.

8. Teaching and learning strategies

Teaching and learning strategies are task-based teaching, situational teaching, communicative learning and cooperative learning.

9. Teaching procedures

(1) Step 1: Revision and Leading-in。

Ask the Ss to recall what they have learned in the last class about the ancient Olympic Games.

Q1: What have you known about the ancient Olympic Games?

_____ set(s) of Games.

The main event is _____.

Only Greek _____ could take part. No _____ nor slaves were admitted.

Q2: What about the ancient Olympic Games?

When were women allowed to take part in the Olympic Games for the first time?

What achievements have women athletes gained in the Olympic Games?

这部分的设计意图,是让学生通过完成Q1中的3个填空题对本单元所学的有关于古代奥运会的知识进行回顾、复习,再通过问答形式增进对现代奥运会知识的了解。从而更深入地掌握奥运会的发展及背景知识,为更快更好地学习新课奠定基础。

教师引导学生以小组合作形式对古代奥运会和现代奥运会进行比较分析,在此过程中学生结合历史知识对此展开了激烈的讨论:为什么古代奥运会女性不能参加?女性在何时才被允许参加奥运会?她们取得了什么成就,带来了哪些改变?在希腊神话中,女性为追求自由和平等的女权主义贯穿始终,是故事情节发展的一条主线,而这条主线的实际掌控者便是特定的历史背景。在此环节,同学们就文本内容"女性和奴隶不能参加奥运会"延展至古代社会世界女性的类似不公平待遇现状,进行了激烈小组合作讨论,并将讨论结果进行记录呈现。大多数小组都能指出并批判等级制度森严的封建社会对女性的歧视给女性带来了很多限制及各种不公平的待遇,如禁止女性参加奥运会等,阻碍了女性的解放和社会的进步,同时学生们也列举了现代奥运会的进步与发展及女性参与奥运会所取得的成就并对她们带来的改变进行了充分的肯定。其中，有一个小组还颇为骄傲地提到了中国女排及女排精神对中国体坛乃至奥运会的重要影响。

同时，在此环节，学生们就文本内容提到的女性和奴隶不能参加奥运会这一背景知识进行了批判和讨论。同学们结合历史学科知识对背后的原因进行了迁移思考，并深度谈论奥运会的发展，辨析古代奥运会及现代奥运会的差异，充分肯定女性在奥运史上所取得的成就及产生的影响。通过文本解读、深度思考、讨论辨析、迁移比较等促进了学生思维品质的提升及批判性思维的形成。

Lead in the topic by talking about the "School Olympic Games"—school sports meeting, and praise those who took part in the school sports meeting last week and won glory to the class by appreciating some photos about the wonderful moments of them.

Q1：Who took part in the school sports meeting on behalf of our class last week? What glory did they bring to our class?

Q2：Which boy runs the fast in our class? / Who is the flying boy?

Q3：Which girl runs the fast in our class? / Who is the flying girl?

Q4：Who runs faster? The flying boy or the flying girl?

Q5：There was a flying girl who could run faster than any man in Greek, do you want to know who she was?

这部分的设计意图，是教师通过上一环节引导学生回顾古代奥运会、讨论现代奥运会并对两者进行比较分析，通过对奥运会知识进行展示和交流，可以促进学生间的相互学习和增强信心，此时教师再顺势引出有着"校园奥运会"之称的校运会，由古至今，由近及远，由小至大，层层推进，让学生在不知不觉中将奥运知识及校园生活实践自然结合。通过运动会照片导入，具有形象、生动、直观等特点，能吸引学生的注意力，激发学生的学习兴趣，在欣赏班级运动员参加校运会的精彩瞬间后，讨论刚刚结束的余温犹存的校运会及表扬在运动会上为班级争光的同学，在开展赏识教育的同时极大地鼓舞了士气，增强了同学们的班级荣誉感及班级凝聚力，并在轻松愉悦的学习氛围中亲切自然地导入了本课主题。

After leading in the topic *The story of Atalanta*, students look at the picture of Atalanta and read the first paragraph to find out as much information about Atalanta as possible by answering some questions．

Q1：Who was Atalanta?

Q2：What did Atalanta look like?

Q3: What was Atalanta good at?

Q4: Why was Atalanta so angry?

Further thinking: Why was she not allowed to run and win glory in the Olympics? Will she be prevented in our modern times?

步骤 2 的设计意图,是在读前环节,教师利用情境、会话等学习环境要素充分发挥学生的主动性、积极性;深度思考的问题与本课开头所讨论的奥运会背景知识相呼应,让学生再次加深对以古希腊为代表的西方宗教文化的了解。

(3) Step 3: Fast reading.

Have students read the story and figure out the characters in the story and the relationship between those people.

步骤 3 的设计意图,是让学生通过快速阅读找出文中人物,并理清人物之间的关系。

(4) Step 4: Careful reading.

Students read the passage carefully to search for some more detailed information according to the following questions about the 6 elements (如图 9 - 1 所示) of the story.

图 9 - 1　6 elements of the story

Q1: What was the bargain?

Q2: Why did Atalanta make such a bargain with her father?

Q3: How did Atalanta deal with the problem?

Q4: What did Atalata's pursuers who wanted to marry her do?

Q5: What did Hippomenes think and say when he heard of the rule at first? What about when he saw Atalanta?

Q6: Whom did Hippomenes turn to for help?

Ask students to work in groups to find out the information above by drawing the mind map.

Teacher have some good mind maps presented and make some additions if it is necessary.

这部分的设计意图，是对课文进行深入解读并提高综合运用与表达的能力。以上6个问题的设计围绕着what、why、how、when和who，旨在训练学生通过寻找六要素去获取故事的主要信息的阅读技巧。问题的设计遵循从易到难层层递进的原则，体现思维的层次性。教师引导学生以思维导图的形式对文中主要内容进行概括，每个小组都能根据六要素迅速找到相关信息，并大胆进行想象创造。有的小组的导图画成应景的圣诞树造型，有的画成圣诞平安果造型，有的画成圣诞袜造型，营造了浓浓的圣诞节日氛围。教师因势利导，教育学生自己双手绘制的作品是最好的圣诞礼物，课堂氛围顿时变得温馨而活泼，同学们的学习热情一下子被点燃了。同时，教师引导学生借助导图通过分析故事情节及人物性格为接下来预测故事的发展做铺垫。重点词汇 promise to do、run past sb. 和 pick up sth. 等的输入也融合在上述问题的答案中。

Appreciate a Chinese poem after knowing the reason why Hippomenes changed his attitude towards the running race.

Guan! Guan! Cry the Fish Hawks	关雎
Guan! Guan! Cry the fish hawks,	关关雎鸠，
On sandbars in the river.	在河之洲。
A mild-mannered good girl,	窈窕淑女，
Fine match for the gentleman.	君子好逑。

这部分的设计意图，是让学生了解了为什么Hippomenes在看到Atalanta之后态度巨变。教师自然地引入一首中国古代有名的诗歌诗经《关雎》，培养学生的跨文化意识，让他们感受在中西方不同文化下诗歌的不同韵味，同时诗歌的欣赏又能让学生在愉快中学习和扩展知识面，最终达到使学生有效地实现对当前所学阅读文章基本知识的意义建构的目的。

Retell the story. Ask the Ss to complete the passage together by reading aloud.

Retelling story 1: Sth. about Atalanta

Atalanta, a very beautiful Greek _____, ran the fastest in Greece, but she was not _____ to take part in the Olympic Games. She was angry and decided not to _____ anyone who could not run faster than her. She made a ____ ____ with her father and made her _____ that if a man wanted to _____ her, she would run against him. If he could not run as _____ as her, he would be _____.

Retelling story 2：Sth. about Hippomenes

Hippomenes decided to marry Atlanta after he saw her. And he went to ask the Greek Goddess of Love for _____. She promised to help him and _____ him three golden apples. She told him to _____ an apple in front of Atlanta when she was _____ fast. When she stopped to _____ it up, he would be able to run _____ her and win. Hippomenes took the apples, went to the King and told him that he wanted to marry Atalanta.

这部分的设计意图，是复述课文。复述课文是英语教学中的一种综合训练，对学生的思维训练提出更高的要求，既考察了学生对文本的掌握程度，也培养了学生运用语言能力的有效手段。以上复述是采用另外一种方式，对文本语言进行解读。利用填空形式凸显核心词和短语，使学生从两个主人公的角度出发，对人物形象进行深度剖析，更深层次地理解两人的情感和态度等。

Atlanta 不是生活在封建传统思想中的逆来顺受者，而是思想独立、崇尚自由、敢于冒险、勇于挑战、追求女性平等权利的渴望者和缔造者。在希腊神话中，女性为追求自由与平等的女权主义贯穿始终，是故事情节发展的一条主线，而这条主线的实际掌控者便是特定的历史背景。Hippomenes 起初对其他王子置生死而不顾去奔赴 Atlanta 的死亡之约嗤之以鼻，认为他们愚蠢不已。然而，在见到 Atlanta 的瞬间他的态度顷刻间有了大转变，意志坚定地想要迎娶这位天仙公主，与其他王子飞蛾扑火式自取灭亡不同，睿智的他想到了向爱神求助来增加比赛的胜算。Hippomenes 前后态度为什么转变这么大？向爱神求助的他是否存在欺骗行为？通过回答问题，学生对故事的 setting、plot 和 conflict 等方面有了全面整体的了解，充分体会作者的构思，让续写部分与原文完美结合。在文本解读中，教师需要深入解读文本，挖掘文本所蕴含的丰富信息，读出他们的逻辑关系、内在思想，读出文本背后的故事，并在阅读教学中加以体现，从而引领学生从不同的视角理解、体验和感受文本，赋予文本以生命，赋予课堂以活力，使阅读教学变得立体和综合，学生在进行了输入性的知识储备后再将知识输出，从而巩固所学知识、锻炼综合运用语言的能力。

（5）Step 5：Group discussion.

Students discuss the following questions in each group.

Q1: Who would win the race?

Q2: What would Hippomenes do with the first, second and the third apple?

(6) Step 6: Marry or kill (debate).

Do you think Hippomenes deserved to win the race? Why or why not? How do you think Atalanta felt when she discovered Hippomenes had got help from the Goddess of Love? If you were Atlanta, would you still marry him or kill him? Students are divided into 5 groups to have a debate.

步骤6的设计意图，是让学生各抒己见，预测故事的结局，happy ending 和 sad ending 皆可。人物的性格对故事的发展及走向起重要作用，同学们在上一环节分析故事中男女主人翁人物的行为，评价人物性格之后发挥想象力，通过小组讨论激活思维，为接下来的写作环节作铺垫。教师引导学生根据文本及人物性格特点，分组讨论故事后续发展，特别是对三个苹果这一细节的处理，单纯预测出结果并不难，难的是学生要考虑到阅读部分提到的对三个苹果的利用，教师鼓励学生大胆想象、积极创造。辩论任务的设置旨在鼓励学生通过深度阅读文本对主人翁形象进行深入剖析，启发思考，发散思维，积极辩论，形成 surprising but reasonable 的结局意识。在辩论的过程中要求学生充分发挥自己的想象力和创造力，帮助他们积累写作材料，让他们的续写有话可讲，有内容可写。

(7) Step 7: Continuation writing.

Before writing, teacher offers students some advice on the structure of the writing parts（如图9-2所示）.

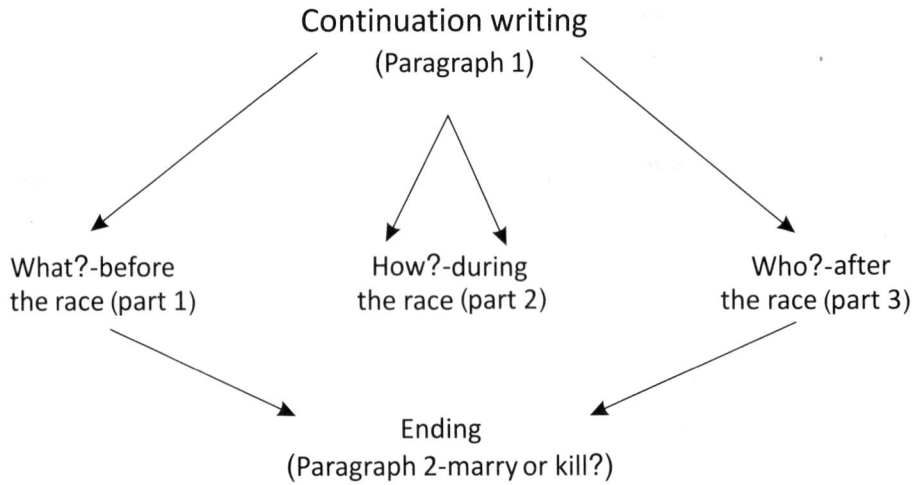

图9-2　Structure of the writing parts

Hearing of this Atlanta had no choice but competed with Hippomenes. _____
_____

However, a few days later, Atalanta discovered that Hippomenes had got help from the goddess of love by accident. _____
_____

步骤 7 的设计意图，是续写。续写前，教师通过简洁明了的图表形式引导学生梳理文章脉络，将第一段分为赛前、赛中、赛后三个部分，用 what、how 和 who 设问，引导学生主动思考、发现、分析和解决问题，从而让学生对将要完成的续写第一段结构有清晰的理解和把握。读后续写要求学生对语言材料的理解要有整体意识和局部意识的融合，教师设置的问题由浅入深，一步步引导学生阅读文本、理解文本、分析文本及挖掘文本，有效促进学生文本解读及文本思维能力的提升。通过讨论、辩论及回答问题，学生对故事的 setting、plot 和 conflict 等有了全面整体的了解，对文章男女主人翁的性格特征和行为有了一定的了解，对于故事的结局都有自己的见解，崇尚自由、追求男女平等的独立果敢的 Atalanta 能否原谅 Hippomenes 借助外力赢得比赛的行为，最终是真爱战胜一切还是谎言毁灭憧憬？学生在深度阅读文本之后充分体会作者的构思，去探究、质疑和批判，去思考、发现和创造，让续写部分与原文完美结合。

Students work in groups to do the continuation writing of 2 paragraphs.

Exchange and share their writing in groups.

"写作不能仅仅理解成个人的行为，因此在教学中不宜总是采取学生单独写出作文来让教师批改的模式，而应该提倡学生开展两人或多数人小组活动，通过讨论合作完成写作。"这部分的设计意图，是教师采用小组合作形式进行讨论、写作，学生在交流讨论中进行思维的碰撞与升华，充分发挥组内学生的特长分工合作，由不同的组员记录信息、整理材料、执笔、检查、润色，不但培养了合作学习的能力，更提升了思维品质，激发了写作兴趣。"学生阅读的目的就是完成老师提出的问题和任务，不知道如何评价自己的学习和收获。"学生交换作文进行互阅互评，不仅是一次阅读思考，也是一次相互学习及互相评价纠错的好机会，学生通过阅读及批改同伴的作文，能够取其精华去其糟粕，在指出同伴作文错误的同时能及时反省自己在写作中存在的问题，从而端正写作态度，提高写作效果，并实现了阅读写作的有机结合。

（8）Step 8：Post writing and Homework。

Have some good writing presented.

The teacher choose two groups which design different endings to put on performance.

Student's writing 1

Hearing of this Atlanta had no choice but competed with Hippomenes. When the beautiful charming princess appeared in his sight once again Hippomenes felt so nervous that his hands were full of sweat. The moment the whistle went off, Atlanta ran out quickly. Although Hippomenes ran as fast as he could, he still couldn't catch up with Atlanta. In spite of this, Hippomenes still tried every effort to run, hoping to win Atlanta on his own capacity. However, the distance between them become further and further. Therefore, he had to throw out the first golden apple, which successfully attracted Atlanta. When she stopped to pick it up, Hippomenes ran past her. However, a few seconds later Atlanta caught up with and surpassed him again. Hippomenes threw out the second apple without hesitation. Seeing another apple rolling beside her feet, Atlanta had to stop to pick it up again. And Hippomenes ran in front. To everyone's surprise, Atlanta surpassed Hippomenes soon and ran fast towards the finish line. "There is no time for me, she must win at once. I can't miss her. What should I do?" Hippomenes thought anxiously. At the very moment, a brave idea appeared in his mind, "What about eating the apple?" So Hippomenes swallowed the last apple hurriedly. Suddenly, something magically happened. He became powerful and ran fast like a flying man, which helped him flew past Atlanta and successfully won the race at the last moment. "Finally, I found my Mr. white who could run faster than me" Atlanta thought cheerfully. No doubt, Atlanta kept her promise and married Hippomenes happily.

A few days later, Atalanta discovered that Hippomenes had gotten help from the goddess of love by accident. She was so angry that she wanted to end their marriage. She asked Hippomenes why he cheated her. Hippomenes held Atalanta's hands nervously and said hurriedly "I fell in love with you at the first sight I saw you, and I love you so much that I want to be with you forever. But as it's known to all, you are the flying girl who can't be surpassed by anyone. I had no choice but turned to the goddess of love for help." Staring at Atalanta sincerely, Hippomenes continued to say "Please forgive me honey, I can't imagine my life without you." Atalanta was touched by Hippomenes' deep love, but she still couldn't forgive him because of his dishonesty and she departed with him sadly. No matter how painful she was after saying goodbye to Hippomenes, Atalanta couldn't persuade herself to accept the truth that Hippomenes had cheated her. "Atalanta, please wait for me, I will make every attempt to win your heart back and devote my whole life to you" Hippomenes told Atalanta firmly.

Student's writing 2

Hearing of this Atlanta had no choice but competed with Hippomenes. Soon Atalanta ran faster than Hippomenes liked the wind. Hippomenes tried his best to catch up with Atalanta, but he failed, so he threw out the first golden apple which fell far to the side of Atlanta. Attracted by the shining gold apple which she had never seen before, she ran to get it. As she picked it up, Hippomenes surpassed her. Therefore, she ran very fast until she was in front again. Just then Hippomenes threw another apple far to the side. The princess was so curious about it that she stopped again to pick it up, and Hippomenes went in front. Finding that she was surpassed by Hippomenes, Atalanta speeded up and ran towards the final line. Hurriedly, Hippomenes threw the last apple over her head. Atalanta was completely absorbed in the flying apple that she stopped and stared at it. When she drew her attention back Hippomenes had ran past the final line and won the race. Though Atalanta was a little bit disappointed, she felt glad as well, for the man was not only handsome but also could ran faster than her. What's more, she found she had fallen in love with the outstanding man. "Well, since you won the race, I will keep my promise and marry you." Atalanta said to Hippomenes.

A few days later, Atalanta discovered that Hippomenes had gotten help from the goddess of love by accident. She was angry that Hippomenes had cheated her. She rushed to where Hippomenes stayed and shouted at him "You are a liar! You cheated me in the race, so I won't marry you and you will be killed right away." Hippomenes was shocked but he calmed down immediately. "I am sorry dear princess, I really love you so much. When I saw you at the first sight, I was deeply attracted by you and I determined to be with you for my whole life." He said sincerely with tears in his eyes. "Then if I give up being the princess and move out of the palace, would you still stay with me?" Atalanta asked. "Of course, I love you, no matter who you are and where you are, I will company you forever." Hippomenes answered firmly. and then the two lovers hugged together. Several days later they left the palace and travelled round the world together. It was said that they lived a simple happy life but nobody knew where they were.

每一个学生都是创作天才，只要给他们机会，他们会绽放出绚丽的光芒。本次的小组读后续写佳作频出，每个小组都展现了惊人的创造力，呈现了不一样的精彩。步骤8的设计意图，是让教师及时对学生的作品进行有效性评价，充分肯定学生的想象和创作。将优秀作品进行诵读及展示，激励学生通过欣赏佳作提高自身写作能力并且通过开展小组有效合作进行大胆创造。鼓励学生以小组为单位用生动有趣的表演直观地呈现故事结局，将虚拟的故事用现实的表演活灵活现地展现，为学生语言的高效输出提供了很好的机会，极大地激发了学生的想象力、创造力及英语学习兴趣，将对学生综合语言运用能力和思维品质、思辨能力的培养落到实处。

三、课例评析

1. 达标强能

本堂课以培养学生的思辨能力为抓手，充分考虑学情，巧妙设计了难度适中并且能引导学生深层次理解文本的问题，基本完成了课堂预设，较好地诠释了如何在高中英语以读促写课中渗透核心素养，培养学生的思辨能力。在教学活动设计过程中，教师十分重视形式和语言功能的结合，强调对思维的培养。例如，让学生回顾了奥运背景知识，对古代、现代奥运会进行比较辨析，了解了 Atalanta's story 这篇故事的梗概和情节，分析了人物之间的关系以及男主角的所思所想，推断出人物的情感态度变化，体会到了故事性记叙文的六要素及写作框架和特点。同时，也让学生批判性地对故事的后续发展进行了思考和辩论，然后通过小组合作形式开展读后续写，真正锻炼了学生说、读、写等综合语言运用能力及小组合作能力。

2. 教师评价

本堂课内容充实，思维活跃，学生参与度高，课堂气氛活跃。教师从记叙文文本特征、六要素、人物关系、男主人翁的所想所说这一条明线引导学生推断出背后的情感态度变化的暗线入手，让学生体会到了由明入暗的心理描写手法，也让学生通过分析男女主人翁性格特征进行深入剖析后对故事的后续发展进行讨论和预测。然后，再进行分组辩论，由浅入深，层层递进地进行思考探究，锻炼了学生的思辨能力及小组合作能力，达到了以读促写，读写有机结合的目的。

3. 学生反馈

学生普遍反馈本课上完后对奥运会背景知识有了更深的了解，对希腊神话故事有了一定的认知，特别是对语篇故事有了较好的理解和掌握。同时，对记叙文的六要素有了一定的了解和把握。通过参与小组讨论、中英文诗歌欣赏、思维导图、分组辩论和小组合作写作等一系列丰富多彩的课堂活动，自身的思维品质（特别是批判性思维）、跨文化意识、小组合作能力、说、读、写等综合运用语言的能力得到了较好的锻炼。

4．教学反思

本课阅读是对写作的铺垫，读写无缝连接，突出了以读促写的理念。在教师深入浅出的引导下，学生从零散孤立的文本浅表内容迁移到分析奥运历史背景、西方宗教制度及文本故事情节，赏析英语诗歌，评价人物性格，思维导图构建故事框架，小组合作交流预测故事结局，分组辩论是非曲直，培养学生的批判性思维，发挥学生的想象力、创造力，提升学生的思维品质，锻炼学生的综合语言运用能力。学生在教师的引导下，主动思考、批判、发现、创造、交流、合作，且能将已有的知识迁移到新的情境中，完成预定的教学目标。

四、结语

语言是思维的基础，思维离不开语言。在高中英语教学中，教师应改变学生"重接收，轻思考"以及读写分离的机械训练现状，立足英语学科核心素养的培养，在读后续写课堂中渗透批判性思维、发散性思维，将教学重点从重视传授转向重思维，引导学生乐于探究、积极思考、培养学生通过深度阅读搜集和处理信息的能力，发现、分析解决问题的能力以及小组合作交流学习的能力，提升思维品质及综合语言运用能力，真正实现阅读与写作的有机结合。

第十章 英语纪实报告文学深度阅读教学策略探析

——以人教版高中《英语必修 1》（2019 版）
Unit 4 *Natural Disasters* 的主题课文
The Night the Earth Didn't Sleep 为例*

一、引言

报告文学（literary journalism）也叫文学新闻，是一种介于新闻报道和文学作品之间的文体，其题材和所描写的人物是真实发生的历史事件和真实人物。报告文学与普通新闻报道的最大区别在于，前者对事件发生的环境和所涉及的人物有生动的描绘，并运用多种修辞方法来组织语言，这样更能激发读者的情感，从而打动读者。文学新闻的提出对于文学专业报刊和网站而言，可以使这些文学专业工作者树立一定的新闻意识，在进行文学信息传播的时候，按照新闻的基本工作规律来进行；对于普通大众传播媒介而言，文学新闻报道可以使信息覆盖具有广阔性的同时增强立体感和深度感。①

报告文学的要素是人物（Figure）、日期（Date）、时刻（Time）、地点（Place）、事件（Event）、起因（Cause）、后果（Effect）、可能的后续活动（Following Events）。其特点是用人物活动叙述事件，用事件衬托人物特征。这类文本会通过生动的语言，结合多种表现手法对事件中主要人物的情绪和性格特点进行描述或有所暗示，还会立体感和深度感揭示文本所蕴含的意义。

《普通高中英语课程标准（2017 年版）》（以下简称《课标》）明确

---

* 本章由雷州市乌石中学廖雪春执笔。
① 陈秀云. 文学新闻的含义及特征［J］. 理论界，2006（8）：95-96.

指出，教师要在深入研读语篇的基础上，根据主题语境、语篇类型、不同文体的语篇结构和语言特点，引导学生深入学习和理解语言所表达的主题意义，建构结构化知识，内化所学语言和文化知识，自主表达观点，实现深度学习。[①] 为了更好地落实《课标》理念，教师要引导学生深度理解文本，让获取文本深层信息成为学生有效学习的启动力。将获得的信息消化并进行创意表达，以达到分享阅读体会与成果，确定发展思维能力的终极目标。

学界主要从四个角度揭示"深度阅读"的基本内涵。

（1）从阅读内容来看，认为深度阅读不仅要读文字符号的表层意义，还要读出文字隐藏的深层意。

（2）从阅读过程来看，深度阅读是从"文本表面"逐渐深入到"文本底层"的建构意义的过程。

（3）从阅读方式来看，深度阅读的关键在于深刻的体验与思考。

（4）从阅读结果来看，生成与创新是深度阅读的最终追求。报告文学深度阅读教学的过程就是教师帮助学生理解文本的解码过程。教师通过活动设置，帮助学生建立文本显性与隐性的逻辑关系，批判性地学习新内容、新思想，并将自身的经历和已有知识融入其中，丰富原本的价值观，促进人生观价值观的优化发展。

二、英语纪实性报告文学教学中存在的问题

洛林·W. 安德森等在《布卢姆教育目标分类学：分类学视野下的学与教及其测评》中论述了认知过程从低到高的六个维度：记忆（remember）、理解（understand）、应用（apply）、分析（analyze）、评价（evaluate）和创造（create）。认知过程的分类充分体现了人类从事实性的简单思维到概念化的抽象思维的发展过程，与英语阅读理解的不同层次相契合，在指导学生理解文章的同时，引发学生的深层次思考，培养学生的思维能力。[②] 聚焦深度阅读的英语纪实性报告文学阅读教学不是填鸭式地让学生学习、机械性地学习，而是激励学生全身心积极参与，亲身感受纪实性报告文学中所呈现的人物或者事件发生的起因、发展过程，对事件的结果加以分析和评价，创造性地迁移并应用新知。让新知提升学生的认知能力，如分析、评价、应用和创

---

① 教育部. 普通高中英语课程标准：2017 年版 [M]. 北京：人民教育出版社，2018.

② 苏立平. 初中英语阅读教学层次性问题的设计与应用 [J]. 中小学外语教学，2019，42（7）：39-43.

造等高阶思维能力。

在高中英语报告文学的阅读教学中，教师的教学设计在处理文本过程中与其他的文本大同小异，基本还是局限在以下几个方面：从文本的标题猜测文本内容；文本的中心思想是什么？什么活动可以帮助学生记住重点词汇？设计哪些活动能够让学生轻松愉快地理解并运用文本中出现的语法知识？但是，这些问题并没有构建意义且语言知识非常碎片化。因此，教师很难根据文本的体裁特点来设计有利于学生与文本、与文本中的人物及与文本作者对话的活动，使学生失去了深度阅读主动建构意义和发展学科核心素养的兴趣与驱动力。报告文学深度阅读"深"在哪里，怎么"深"进去，这些也是目前教师在教学过程中不断探索的问题。

三、课例分析

文本解读是有效开展深度阅读教学的重要途径，起到牵一发而动全身的重要作用。在英语阅读教学中，教师要想深入解读文本，可以尝试从主题、内容、文体、语言和作者五个角度进行。[①]

1. 单元主题分析

本课的教学内容选自人教版高中《英语必修1》Unit 4 Natural Disasters。本单元以自然灾害为话题，涉及地震、海啸、洪水、山体滑坡等内容。"人与自然"的主题学习，可以帮助学生树立防灾意识。当面临自然灾害的威胁时，掌握防范和减少自然灾害带来的损失的基本方法，夯实提高逃生的能力也是新时代中国公民应该具备的素质。本单元让学生认识自然灾害的种类以及介绍近现代国内外发生过的重大自然灾害事件，再探讨面对灾害的威胁和所造成的损失时人们可以采取的应对措施等。除此以外，本单元传递"灾害无情，人有情"主题意义和精神，即人类在重大自然灾害面前不屈不挠，相互援助，坚定信心，重建家园的精神。

2. 文本体裁和教学内容分析

本课的教学内容为 The Night the Earth Didn't Sleep，是一篇报告文学。本文没有报告文学中常见的中心人物，但按地震前、中、后的顺序向读者整体描述了唐山大地震这场灾难。

[①] 张秋会，王蔷. 浅析文本解读的五个视角 [J]. 中小学外语教学，2016, 39 (11): 11–16.

3. 结构分析

文本开篇描述了地震前乡村出现的一些异常现象，运用了排比的修辞法，营造出一种重大事件发生前的紧张氛围，语言生动、富有画面感。从第二段开始，文本着力刻画了大地震发生时的惊人场景，以及灾难过后满目疮痍、让人绝望的画面。文本最后两段自然过渡，描写了身处绝境但绝不放弃希望的灾区人民的生存意志和重建家园的决心。有了来自国家和人民军队的支持，唐山人民在废墟上重建了家园，唐山这座被自然灾害损毁的城市重获新生。

4. 作者的情感态度分析

作者在文本最后两段描述了灾区人民的生存意志和重建家园的决心，国家和人民军队的支持，以及重获新生的新唐山。这些文字有效帮助读者了解在大灾大难面前，中国人民向全世界展示了不屈不挠、积极乐观和团结奋进的精神。同时，激励新一代年轻人培养坚韧的品格、积极向上的心态、激发对祖国美好未来的自信心与自豪感。

5. 文本语言分析

从修辞方法来看，除了开篇的排比句外，文本还使用了文学作品中常出现的拟人、比喻等修辞方法，使文章的细节更加具有画面感。例如，标题"*The Night the Earth Didn't Sleep*"，以及文中的"Hard hills of rock became rivers of dirt.""Bricks covered the ground like red autumn leaves, ..."". . . the city began to breathe again."等。全文描写生动、饱含情感，体现了作者想要表达的"灾害无情，人有情"的思想感情。

本文此外还用了限制性定语从句、表语从句和宾语从句等常见句式，让文章的细节描写更加细腻，对读者的触动更强。例如，"It seemed as if the world were coming to an end！"". . . a quake that even caused damage more than 150 kilometres away in Beijing."

四、基于深度阅读的纪实性报告文学教学实践

笔者在本课例设置了读前、读中和读后三个阶段的活动，通过图示、问题链和内化迁移等教学手段从浅入深挖掘文本，探究以思维品质为目标的深度阅读教学策略。

通过阅读教学，笔者制定了以下教学目标。

（1）能通过阅读材料，说出地震前可能出现哪些异常的征兆，地震时发生的事情，地震后需要解决的问题以及解决办法。

（2）能从阅读材料中提取报告文学的基本要素日期（date）、时刻（time）、地点（place）、事件（event）、起因（cause）、后果（effect）、可能的后续活动（following events）。

（3）能通过分析、比较英文报告文学与消息（news）的相同点和不同点，识别英文报告文学的语篇特征。

（4）能通过分析句子之间的逻辑关系，识别段落话题并通过重构段落之间的逻辑关系，识别语篇的主题。

（5）能了解英文报告文学的功能，理解语篇之外的意义，即生命的脆弱以及中国的坚强——在灾难面前不屈不挠的精神，对受难者的痛苦产生情感共鸣；自己善待生命，遇到问题要保持乐观，镇定处理；能感受中国的强大与处理问题的执行力，坚定民族自信感与自豪感。

（6）能把报告文学中的纪实文本用概括性的语言改写成消息，或根据其他材料写英语新闻专题。

达成以上6个教学目标是在语篇类型的解码与重构的双重基础上，开展语篇深度阅读教学，帮助学生掌握应用文结构、渐进性地培养阅读技能、发展语篇生成策略、塑造文化品质、促成写作输出的目的。

（一）读前：了解阅读材料背景、预测语篇内容、探究主题

1. 通过呈现辅助性资料实现深度与广度阅读，助力知识积累与运用

回顾听力所涉及的一篇报道，唤醒话题经验，生成文本氛围。在本单元的 Listening and Speaking 的 *Report Natural Disasters* 授课时，学生已经有了新闻报读的听力训练经验。课堂伊始，教师先为学生提供录音原文，帮助学生回顾 Exercise 2 中 *News report* 1 的内容。接着引导学生找出新闻六要素具体内容，包括日期（date）、地点（place）、事件（event）、起因（cause）、后果（effect）、可能的后续活动（following event）。

Listening scripts of news report 1

Good morning, it's 17 April. A strong earthquake hit Ecuador yesterday. The 7.8-magnitude earthquake damaged many buildings, and early reports said that about 230 people were killed and more than 1,500 were injured. Volunteers and rescue workers are helping the survivors.

新闻六要素具体内容如图10-1所示。

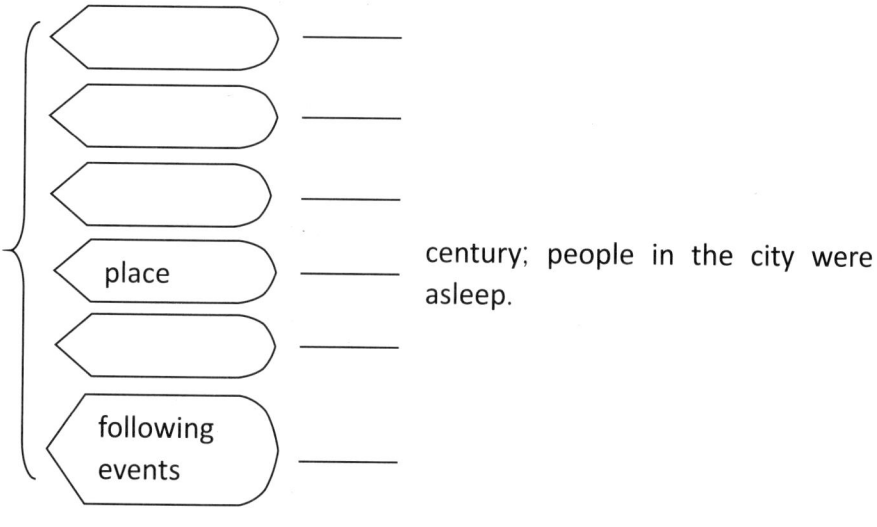

图 10-1　Six Elements of news report 1

这部分的设计意图,是在进入教学之前,通过这个新闻报道的活动设计,既唤醒学生已有的关于地震的相关背景知识,又帮助学生回顾新闻报道的六要素。从而引出了地震这一话题的内容,有利于学生融入后面的教学环节学习。

2. 基于文本标题,培养推测能力

(1) 预测教学在激发学生阅读兴趣,培养学生开放性思维方面有着无可替代的作用。通过预测教学环节调动学生已有经验和知识可以帮助学生理解新知识。教学预测环节能够简化并促进学生对新知识的发现、形成、发展的过程的理解。课前活动对新闻报道的六要素进行复习,为下面报道文学的阅读做好铺垫。教师根据标题和文章所提供的图片设计问题链"Look at the title and photo below and guess what the text is about.""Is the article of this kind familiar to you?""Where is the article most probably taken from?"

这部分的设计意图,是通过设计问题链,激活学生已掌握的地震和新闻报道等方面的知识,驱动学生预测具体的语境内容,将学生的生活与新授课内容紧密联系起来,为学生搭建认知、体验和运用语言的平台。这不仅拉近了学生与此类话题的距离,从而进一步激发了学生的兴趣,培养学生的发散性思维,为学生抓住语篇体裁做准备,而且为后续深度解读关乎语篇主题意义的理解和建构作铺垫。

T: Can we get some detailed information? Try to get the following details. (如图 10-2 所示)

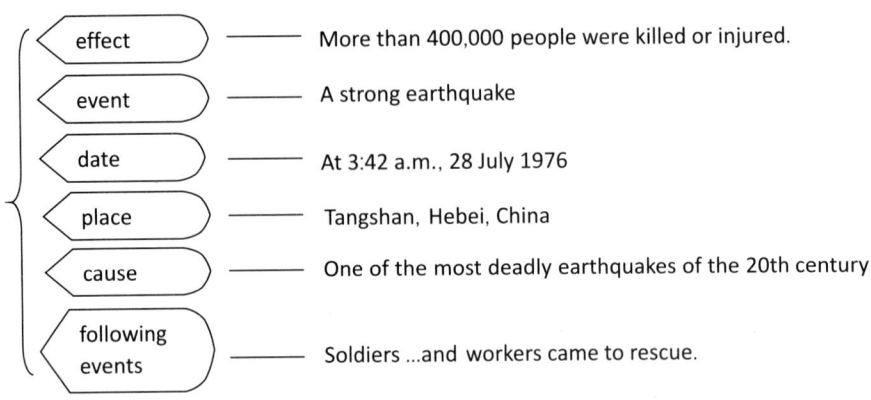

图 10-2　Six elements of article

这部分的设计意图,是学生在课前活动的推动下,通过在文本中寻找新闻报道的六要素,能有效培养对已有知识和所学知识高度融合的深度学习能力。学生能够通过文本阅读,比较、识别报道文学与新闻报道的异同,做到分析差异,从而归纳出两种不同体裁的异同,提取异同特征,形成新的概念。

3. 梳理文本结构

段首句是语篇中的关键句,相当于房屋的主梁,对文本起到荷载并传递的作用,是语篇主题意义的主要承载部分。因此,解读段首句能够加强学生对语段和语篇的理解。

(1) 语篇段首句分析(如图 10-3 所示)。

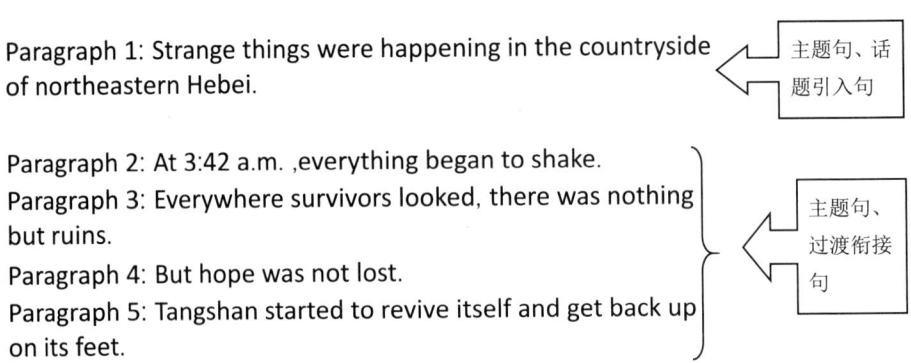

图 10-3　语篇段首句

(2) 通过段首句概括每段的大意(如图 10-4 所示)。

Before the earthquake	Paragraph 1	Warning signs before the earthquake.
During the earthquake	Paragraph 2 Paragraph 3	The happening of the big earthquake. The immediate effects of the earthquake.
After the earthquake	Paragraph 4 Paragraph 5	The rescue work. The revival of the city.

图 10-4　每段大意

这部分的设计意图，是教师引导学生整体解读段首句间的联系，从而认识并深刻理解整个语篇结构。根据每段的段首句可知，第一段自然是地震前的预警；第二、三自然段是地震发生时的破坏；第四自然段是地震后的营救与重建；第五段是城市震后复苏。以地震发生的前后顺序为一条主线，从震前到震后，层层递进，气氛越来越紧张，到灾后重建才得以缓解。

4．深入研读语篇，细读文本

（1）震前征兆。"无风起横浪，三天台风降。""蚂蚁搬家，将有雨下。""蜻蜓飞得低，出门带雨衣。"地震作为20世纪最严重的两个自然灾害之一，征兆众多。课前的地震相关知识的头脑风暴以及观看一段汶川地震视频，可以促进学生建立已有的知识和新知识的连接，引出需要解决的问题。这些问题链的设计引导学生提取信息，引导学生深入思考。

Before the rain, there are often some signs. What were some of the strange things that were happening before the earthquake?

Do you agree there were some "warning signs"? Why or why not?

How do you understand the last sentence in Paragraph 1?

（2）震中场景。有梯度的提问是帮助学生解码语篇的内容的突破口。首先，教师通过设置细节获取问题，帮助学生获得表层事实性的信息，如地震发生的具体时间、文本中对那些东西进行了描述。其次，以追问的方式引导学生再次思考文本。

Can you get the exact time when the earthquake happened?

How does the author make the readers realize it was one of the most deadly earthquake of the 20th century?

How did the people feel at that time?

教师就地震所造成的破坏设计以下问题进行追问。

What damage did the earthquake do to Tangshan?

Why is another big quake later that afternoon mentioned?

What does the author mean by "Hard hills of rock became rivers of dirt"?

Why does the author use the words "ruin, trap, bury" to describe the earthquake?

这部分的设计意图,是教师通过问题链及连续追问从浅入深引导学生进行逐层深入思考。从开始的对地震发生的确切时间、地震范围之广、裂缝之大等表层意义的理解,到对地震的破坏及所使用的词语所隐含的语言信息等深层次理解,环环相扣,层层深入。

After reading these two paragraph, can you tell which picture below can present the situation best?(如图 10-5 和图 10-6 所示)

图 10-5　震后照片 1

图 10-6　震后照片 2

这部分的设计意图,是教师在学生阅读前三段文本信息后,顺势结合学生的语言水平和认知能力,以两张图片,邀请学生依据文本信息做出正确选择,以此形式检测和评价学生的阅读成果。这个环节将语言图式转化为非语言图式,不仅有利于加深学生对语段大意的理解,而且有利于培养学生的推断能力,有效地促进学生的深度学习。

(3)震后救援。震后救援体现了灾难面前人们相互支援的人道主义精神和人类面对灾难时进行不屈抗争的精神。教师可以通过国家对唐山大地震的救援和国家对 2020 年新型冠状病毒肺炎的重灾区武汉的火线驰援来引起学生对国家以人民为中心思想的理解,让学生再次体会中国力量、中国精神,彰显中华民族同舟共济、守望相助的国家情怀(如图 10-7 所示)。

PROBLEMS　　　　　　　　　　SOLUTIONS

homes were gone
got trapped under the ruins
seriously injured
left without parents or children
no water, food and electricity

Who came to rescue?
What did they do?

图 10-7　震后遇到的问题与解决办法

在面临地震所造成的严重损失和灾难时，是谁给灾区人民带来了希望？他们又做了哪些事情？这部分的设计意图，是通过这些问题的设置引导学生思考，并让学生意识到在紧急救援中最重要的是对人生命的挽救。那就涉及救援队伍的主要类别和救援途径，培养学生主动、独立思考能力。

5. 再次阅读文本，解构语篇的组织策略

（1）灾区人们情绪的变化。教师呈现问题"How did the people's feeling change?"，并引导学生快速阅读文本以找出问题的答案（如果 10-8 所示）。

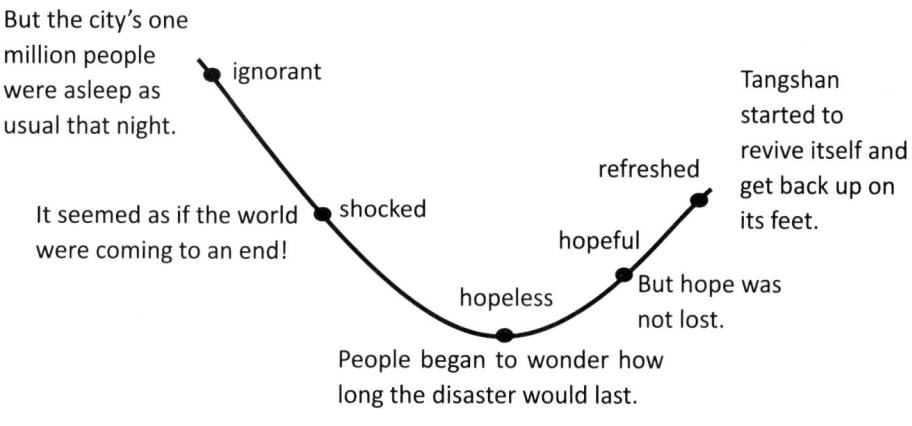

图 10-8　灾区人民情绪

这部分的设计意图，是梳理文本的第二条主线情感变化。教师引导学生通过灾区人们的情感变化，得出"灾害无情，人有情"的主题意义，即人类在重大自然灾害面前不屈不挠，相互援助，坚定信心，重建家园的精神。整个情感变化过程跌宕起伏，从一开始人们对地震征兆的无知与无视，到大地震发生时面对威胁的震惊和所造成破坏时的无助，失去家人的悲痛，进而转到国家和社会救援行动对幸存者所带来的希望，到最后的城市复苏，体现了灾区人民面对灾难不屈不挠的斗争精神。同时，教师可以通过人们的情感变化布置任务，从情感上让学生体会到中国政府迅速应对巨大灾难的执行力与国家的强大，增强了学生的民族自信心和身为中国人的自豪感。

（2）体会纪实性报告文学的语言特点。

Numbers are widely used in the text. If we remove these numbers, is there any difference? Why?

这部分的设计意图，是通过列举文本中的数据，让学生了解唐山大地震的破坏性。破坏性呈现的表面化和具体化，使学生对当时的人们在地震后的艰难处境也有了更加直观的认识，让学生明白报告文学跟新闻报道一样，具有真实性与客观性,进而更深层次地建立起语篇类型内部信息之间的关联,并形成新的知识结构。

(3) 混合修辞手段融合使用以揣摩作者的态度。修辞有利于提升语言质感,使表达更为生动形象且有内涵。英语中修辞的使用能够为思想的交流碰撞增添一抹色彩,可以让学生在一定程度上接触修辞手法,感受文本的"英语感"。本单元主题语篇的题目采用了拟人的修辞手法,还有最后一段第一句话"Tangshan started to revive itself and get back up on its feet."也采用了拟人的修辞手法,恰好从情感上呼应了全文,让全世界知道,中国齐心协力勇敢地战胜了困难并以崭新的姿态迎接明天。教师引导学生在具体的语境中解读文章的结构,从宏观的视角赏析修辞蕴含的深意,从而逐步理解作者所要表达的情感及意义。[1]

Read the following sentences from the text, and find more similar sentences.

Nearly one third of the whole nation felt it!

Hard hills of rock became rivers of dirt.

Bricks covered the ground like red autumn leaves, but no wind could blow them away.

Can you find another sentence like one of them?

这部分的设计意图,是引起学生对修辞的注意与理解,培养学生的修辞意识和修辞能力,有利于学生多视角分析文本,体会对唐山大地震造成的破坏和不可抹灭的伤痛和唐山崛起的欣慰。同时体会英语语言的美感,提升学生的文化素养。

(4) 通过改写标题,对比理解,促进高阶思维的培养。

T: In the view of newspaper, give the article a new title please.

S: A big earthquake hit Tangshan.

T: How serious is it? What about the dead or injured? Add these to the title.

S: A big earthquake hit Tangshan and over 400,000 killed or injured.

T: Whose title is better? Yours or the original?

这部分的设计意图,是教师通过设计该活动,能够让学生了解标题包含的信息,同时明白报告文学的标题很灵活,隐晦或者生动,而新闻报道的标题则比较直白,从而加深学生对纪实性报道文学标题特点的理解。

(5) 语篇特征对比,巩固提升。《课标》提出:通过观察、比较、分类和总结等手段,概括语篇的文体、语言和结构的特点,概括作者如何根据不

---

[1] 王晶. 高中生英语修辞意识他修辞能力培养研究 [D]. 聊城:聊城大学, 2018.

同的交际目的选择不同的语篇类型。① 教师应聚焦主题意义，通过对不同应用类文体的语篇特点等相关活动的设计，以旧引新，灵活呈现语篇的文体特点。如对比新闻摘要与本单元主篇阅读 *The Night the Earth Didn't Sleep* 的语篇特征，来促进学生对报告文学语篇特点的理解。

Athens

Priests defy lockdown: Greece's powerful Orthodox Church directed its priests to defy a Covid lockdown this week, by opening their churches to worshippers for

The feast of the Epiphany. Greece went back into lockdown in November, but partially relaxed restrictions in the run-up to Christmas, allowing churches and non-essential shops to reopen for a period that included the feast day, which is one of the most important in the Christian calendar. Last weekend, as surging cases put the health system under intense pressure, the government backtracked, and ordered churches to close until Sunday. But after an emergency session of its holy

synod, the Church announced that it would "insist on what was originally agreed with the state". Greece has fared better than most European countries during the pandemic, recording only around 5,000 Covid-19 deaths to date.

9 January 2021 THE WEEK

Please compare a summary of a news report and a literary journalism in Language, Content and Purpose（见表 10-1）。

表 10-1 Comparison Table

Items	Language	Content	Purpose
Features of a summary	Objective, short paragraphs (sometimes only one), usually with a title	An event (figure, date, time, place, event, cause, effect, following events)	News is for readers to know how and why what is happening
Features of a literary journalism	With a title, more and long paragraphs, with more details to build the atmosphere or the structure	An event (figure, date, time, place, event, cause, effect, following events), more background information, all relevant details to the event	A literary journalism is for people to know what is happening and the detailed information about the event or people

---

① 教育部. 普通高中英语课程标准：2017 年版 [M]. 北京：人民教育出版社，2018.

这部分的设计意图，是从语言、内容和意图三个方面总结新闻摘要和报告文学异同。通过对比，学生不仅帮助学生巩固报道文学语言特点，促进对报告文学的语言、内容和意图的理解，进一步提升学生的理解能力。

6. 文章缩写，知识内化

写摘要是课标就应用类文体对学生提出的写作要求之一，它能培养学生提炼关键信息以及概括、归纳要点的高阶思维能力，同时还是培养和提高学生分析、归纳、总结等思维能力的重要方法。教师可以有效用好新教材里设计的活动，帮助学生总结和掌握新闻摘要的要点，熟悉并运用其思路和步骤，从而提升学生高阶思维能力。

A summary is a short statement of main points. A summary paragraph tells the main ideas and the most important information of a longer passage.

Follow the steps below to write a summary for the text.

Step 1: Read the text and write a list of the main details.

Paragraph 1: Strange things happened in the countryside of Hebei, China.

Paragraph 2: A strong earthquake hit Tangshan, and many people were killed or injured.

Paragraph 3: The city was greatly affected and nearly destroyed.

Paragraph 4: The rescue work began soon after the quakes.

Paragraph 5: With strong support from the government and the city's people, the new city of Tangshan was built.

Step 2: Write down the main idea of each paragraph based on the details above。

Step 3: Organize the ideas and draft your summary. Then students exchange their summary to get another person's opinion and help in checking their work. All should pay attention to the following:

A summary should be around one third the length of the original text.

Write down the key supporting points for the topic.

Do not include unimportant details or examples.

A sample version is: For several days, strange things occurred in the countryside of northeastern Hebei. Then, on 28 July 1976, an earthquake hit Tangshan city. The city was greatly affected and nearly destroyed. Many people were killed or injured. The rescue work began soon after the quakes. Soldiers and medical workers arrived to find survivors and help the people who had lost everything. With strong support from the government and the tireless efforts of the people, a new Tangshan was built.

报告文学的语言生动形象,信息过细。这部分的设计意图,是教师引导学生先抓住每一段的主要信息,然后根据新闻摘要的要素进行补充,逐步达到新闻摘要的写作要求。

五、结束语

深度学习强调学生学习的主动性,要求学生在教师的引导下,围绕具有挑战性的学习任务,全身心积极参与,发展思维,提升能力。[①] 报道文学语篇的深度学习更是如此。基于学生对这类体裁的语篇不熟悉的基本学情,教师需要搭建支架,从学生相对熟悉的新闻报道入手,结合学生的实际情况,设置科学可行的学习任务,实现语言能力、文化意识、思维品质和学习能力的融合发展。

---

① 张静. 高中英语听说教学中引导学生深度学习的研究[J]. 中小学外语教学,2020,43(23):30-35.

第十一章　基于文本解读的高中英语阅读课教学设计

——以人教版高中《英语选修6》Unit 3 A Healthy Life 的主题课文 Advice From Grandad 为例*

一、引言

《普通高中英语课程标准（2017年版）》（以下简称《课标》）将英语课程的总目标，从综合语言运用能力转向英语学科核心素养，即学习能力，语言能力，思维品质，文化意识这四个方面。① 英语学科核心素养的提出，要求教师应将这些英语素养通过实践性，综合性，探究性的活动进行整合，改变教学内容的碎片化状态，将知识学习与技能发展融入主题、语境、语篇和语用之中，促进文化理解和思维品质的形成，引导学生学会学习，指向核心素养培养。

英语阅读的核心素养，就是运用合适的阅读策略解读文本内容，发展思维能力，提升语言水平的素养，涉及内容、思维、语言和策略四个方面。"一则阅读文本到底以何种方式激发了何种意义认知，表达了怎样的世界关联，开启了怎样的思维，这便是语言、情感、策略、内容、思维的高度综合。以此，让基于阅读的学习从信息获取，信息加工，语言学习走向生活、艺术与哲学。"② 在平时的阅读教学中如何实现这个目标呢？众所周知，阅读课中，教师通常要设计一系列的问题引导学生对文本内容进行梳理和理解，

---

* 本章由湛江市实验中学郑月娇执笔。

① 教育部. 普通高中英语课程标准：2017年版 [M]. 北京：人民教育出版社，2018.

② 刘芳. 核心素养下基于英语学习活动观的阅读教学设计 [EB/OL]. (2020 – 01 – 05)[2020 – 05 – 05]. https://www.meipian.cn/zmbnfe8o.

对文本语言进行感知和运用，并对作者的观点、写作意图、情感态度和文化背景等进行分析、综合和评价。因此，教师的教学设计会贯穿整个教学过程，教学设计的质量直接影响阅读教学的质量。如何在读前、读中、读后科学有效地设计问题，清楚梳理文本信息？笔者观察到，在平时的阅读课堂中，教师的教学设计并不尽如人意，主要表现在以下几个方面：①教学设计杂乱无章，问题间毫无联系，有些问题甚至脱离文本；②问题往往涉及文本表层信息，学生在文本中可轻而易举地找到，不需要太多理解与分析，有些甚至根本不需要阅读文本，由于缺乏对文本的深层理解，不能激发学生进行思考；③教学中没有考虑到学生的思维发展过程，问题与问题之间缺少联系，没有为深层次的问题做好铺垫，使得教学设计非常突兀，超出学生的回答能力。

二、如何更好地把对文本的解读转化为学生的学习活动设计

在高中英语教学中，英语教师必须能够既全面又准确地把握好教学所用的阅读文本，做好教学设计，才能发挥好文本阅读的作用，提高学生英语学习的效率。

1. 文本解读的内涵

英语文本是由单词、句子、语法、文化等要素构成的，文本解读是对文本的浅层次、深层次和创造性的解读，是需要全方位地理解文本所要表达的含义和文本作品所体现的文化背景、现实意义、哲学道理、生活意境，等。英语阅读文本的解读是英语阅读教学的一个必要步骤，这需要教师在教学前先对文本进行研究，并且需要从三个角度对文本进行研究，分别是读者角度、学生角度和教师角度。首先，教师需要从读者角度先了解阅读文本所表达的基本含义，对本文有一个大概了解，并对文本中的作者、作者背景、写作背景、文化体现等进行深入地挖掘，再通过进一步阅读来体会作者想要表达的深层次含义。其次，教师要从学生的角度来进行文本阅读，按照学生的知识储备和理解能力进行预演，找到学生在阅读文本时可能出现的问题。最后，再从教师的角度对文本进行教学目的的解读，找出教学思路和教学重点，从而为学生的英语阅读学习做好铺垫。

2. 高中英语文本解读存在的问题

尽管阅读是高中英语教学的重点，但是很多英语教师并没有真正将阅读教学的效果落到实处，在当前的因故阅读教学中，存在如下问题。

(1) 墨守成规，缺乏文本解读的教学意识。很多教师很难突破传统教学模式，尤其是在教学中缺乏文本解读的意识。教师很少主动去深入理解文本，只是把文本当作教学工具，利用这一工具来完成教学任务，这样的教学模式无法真正发挥出阅读教学的作用。例如，在教学中，教师通常是通过设问来引入，接着让学生自己阅读，再提问题或是讲解前面所提到的问题，这样实际上降低了教学效果。

(2) 缺乏趣味性，以单词记忆、语法学习为主，与文本分离。学生的学习动力大多来自于学习兴趣，学习兴趣的培养十分重要。然而很多教师在进行阅读教学时，将教学重点放在朗读、记忆单词、学习语法上。英语课的学习就会相对枯燥，学生对于阅读文本的了解只能停留在浅层次的字、词、句的分析上，而无法对文本有深入的体会。

(3) 不能遵循学生的认知规律，缺乏对学生阅读技能的全面培养。在教学中，教师往往忽略学生的认知规律。阅读学习是一个由浅入深、由泛读到精读的过程。教学时，教师应让学生有充足的时间来了解文本的大致意思，并为学生提供相应的背景资料，以便于学生从整体上把握文本。同时，教师将学生阅读技能的培养主要是以应试为目标，集中在解答阅读理解题目上，缺乏对学生阅读技能的全面培养，忽视了阅读在学生英语能力提升中的重要作用。

3. 高中阅读文本解读的五个维度

《课标》对高中阅读教学也有了较为明确的目标，在阅读中，学生要能从上下文内容中推断生词含义、理解段落逻辑关系、理解文本主题和内容。同时，还要能够了解英语文化，将对这些文化内容的了解和阅读结合起来，形成较为全面的英语知识体系。在进行高中阅读教学时，文本解读应分为五个维度来进行。

(1) 对文体的解读。在进行英语文本阅读时，教师应先带领学生明确文本的体裁，了解这是一篇记叙文、议论文还是一个故事，在对文体有了初步的了解之后，学生可以调整自己的阅读思路，找到最快捷的理解这类文体的方法。

(2) 对作者意图的解读。文本作者的写作意图和文本的内容有直接的关系。因此，预先了解文章的写作意图可以帮助学生深入理解文本。通过对作者意图的解读，学生再去细读文本，就会有更深刻的体会。

(3) 对文本结构的解读。解读文本结构就是理清文本脉络，初级阅读材料大都是总分总的结构形式，而较为高阶的阅读材料的结构形式则并不固定。

（4）对文本整体内容的解读。对文本整体内容的解读是阅读学习的根本，其中就包括了理解单词、句子的汉字，以及句子的用法，最终对整体内容的解读才能证明学生真正理解了阅读文本。在高中阅读教学中，教师不能一味地专注于单词、语法的教学，更应该引导学生去深入了解文本，增强学生和文本的互动。

4. 从关注语言知识向关注主题内容的转变

对文本的分析都已比较深入和细致，在关注对文本主题意义解读的同时，也关注了对语篇结构及修辞方法的分析。这样的文本分析帮助教师实现了从关注语言知识向关注主题内容的转变，能够通过文本解读实现从关注语言知识向关注主题内容的转变，这是在教学中开展主题意义探究的前提，也是把具体的教学内容与新课标中提出的课程目标之间建立联系的必要环节。

5. 从课文分析走向单元主题和内容的分析

从课文分析走向单元主题和内容的分析，在单元教学目标及课时教学目标的设计上已有一定的探索，但还有待进一步探究和思考。从单元整体进行了主题和内容的分析，建立起了单元整体分析框架，教师不再是孤零零地进行单课时语篇教学，而是有意识地把学生带入大单元学习中，帮助其与前后所学的知识建立关联，这样的关联对于学生的素养和能力培养来说是非常重要的。

6. 单元教学目标和课时教学目标的设计

单元教学目标设计时，要考虑几个问题。
（1）是否体现了单元学习后学生的素养。
（2）单元教学目标与每一个课时的教学目标是什么样的关系，每一课时的目标都应该对单元目标的实现有所贡献。
（3）单元目标也应关注目标的可操作性、可检测性。
课时教学目标设计时，应注意几个问题。
（1）目标是否展现了学生为主体的主题意义探究过程。
（2）目标是否能体现学习活动之间的逻辑关联。
（3）目标是否体现了主题意义探究过程中的语言知识的整合性学习。
（4）目标是否展现了学生从"知—用—思—做"的认知建构、技能运用和素养的发展过程。
（5）是否实现了育人目标的自然生成。
（6）目标是否可操作、可观察、可检测。

7. 如何把对文本的解读转化为学生的学习活动设计

精心设计的阅读问题和活动可以激发起学生对阅读的兴趣,使他们与作者产生共鸣,使阅读课堂充满激情。学生是课堂的主角,在阅读英文作品的过程中,他们不仅仅在吸收信息,也同样会整合信息,以他们的方式理解信息并批判地接受信息和形成自己的观点。教师要引导学生去猜想,去质疑,去讨论,去挑战。让阅读课成为一个不同的思想得到碰撞的阵地。让各个层次的学生都能在阅读课上发表自己的心声,去体验成功的快乐,去实现自我的价值。

(1) 对主题与内容的解读,主要是为了让学生获取知识、理解主题内容并内化,那么主要应以获取梳理、概括整合、内化应用的活动为主。

(2) 对文本的文体结构与修辞的分析,主要是为了让学生为后面的创造使用做语言准备,应主要以 内化应用和分析判断活动为主。

(3) 对文本所蕴含的高阶思维与育人价值的解读,应该体现为知行合一的学习活动设计,应主要以推理论证、批判评价和想象创造类活动为主。

(4) 活动设计一定要基于"学生能做什么",而不是"教师做什么"来进行设计。把文本解读转化为学生的学习活动的关键就是教师能够"放手"。

(5) 在对语篇内容进行理解时,教师不要仅仅是针对一些事实细节的碎片化提问,而应该按照 main theme 和 sub-theme 进行稍大单元的提问,引导学生在解决这样的大问题中形成自己对文本的解读、意义的探究和知识的建构。

(6) 在对语篇进行深层解读,挖掘语篇意义时,提问要细致具体,要抓住几个点引导学生进行思考,形成基于语篇的问题链来引导学生逐步深入思考。

三、以文本解读为前提的教学设计案例[①]

(一) 教材解读

文本解读是准确定位教学目标,合理选择教学内容,进行有效教学设计的前提和基础。阅读教学是教师、学生、文本之间的对话过程。在这一过程

---

① 这部分中,CW 为 Class Work 的缩写,GW 为 Group Work 的缩写,IW 为 Individual Work 的缩写,T 为 Teacher 的缩写,S 为 Student 的缩写。

中，教师解读文本的角度和深度直接影响到学生对文本的体验。对教学内容进行全面的分析是高中英语教学与学习的创造性和有效性得以实现的起点。文本解读决定了阅读课要教什么。

由于现在生活水平的提高，在满足人们物质生活方面的需求的同时，也给人类的生活带来诸多问题。尤其是健康问题。本单元的中心话题即为"健康生活"，本课时标题为 *Advice From Grandad*，是爷爷写给孙子 James 的一封信，共分两部分。

第一部分主要是爷爷向孙子介绍他能长寿和充满活力的主要原因在于他健康的生活方式。而且还以亲身体会向孙子介绍了他年轻时吸烟上瘾的原因、抽烟的危害和戒烟的方法，依此告诫孙子把烟戒掉。并说明吸烟上瘾的三个原因：① 尼古丁的药物作用；②习惯的驱动力量；③精神上的依赖性。同时，还有吸烟的危害：①伤害心脏和肺；②不孕；③影响身边不吸烟的人的健康；④味道难闻；⑤手指发黄；⑥跑步速度慢；⑧不喜欢运动。

第二部分是附在信后的网页信息，提供了六条戒烟的建议和措施：①制定计划；②下定决心；③破除旧习；④学习自我放松；⑤必要时请求帮助；⑥坚持不懈。

该语篇文体结构为应用文中最常见形式之一建议信，也是高考书面表达中最常考查的写作体裁。文本结构条理清晰，作者选用亲切平实的语言，利用今昔对比的方式，通过描述积极健康的生活现状与自己青少年时期的亲身经历引起 James 的情感共鸣，让他体会到吸烟易成瘾难戒除的特点明白吸烟对自身和他人的各种危害，作者希望 James 能够接受建议并成功戒烟重新过上健康的生活。本文具有一定的时代性和警戒性，非常值得学生精读。

经过本节课的学习，期望学生能够完成以下目标。

（1）通过观察文本特征感知语篇的类型和构成；通过快速阅读获取主要信息并梳理概括语篇的主旨大意和匹配各段落大意。

（2）通过对重点段落进行细节阅读，描述吸烟的危害性和戒烟的建议措施等重要信息。

（3）依托语篇，通过分析判断，获取建议信的结构化知识，即层次更清晰。在书面表达中更常用的建议信的结构，培养学生的批判性思维。

（4）在新创建的情境中内化并运用从文本中获取的有效信息，用适当的口头语言表达方式劝说他人戒烟并完成一封建议信的写作任务；通过组间互评，选出最佳的劝说他人戒烟的建议信。

（5）通过总结全文要点，加深理解吸烟的危害性、戒烟的必要性和健康生活的重要意义，形成积极健康的生活态度。

（二）教学过程

1. Step 1：Warming up and Pre-reading（3分钟）

T shows some pictures of smoking people, and asks some questions:

T：Have you ever smoked?

Ss：No.

T：Why do you think some teenagers start smoking?

S1：Maybe they want to be cool by smoking.

S2：Some may want to lighten their stress/pressure.

S3：And some may be influenced by other smokers.

T：Good points! Then, do you think smoking is beneficial or harmful to people's health?

Ss：It is harmful!

T：Yes, as we all know, smoking is harmful not only to smokers but also to other non-smokers around them. However, nowadays many teenagers are getting into the habit of smoking.

T：Now imagine: you have a good friend named James, who has been addicted to smoking and find it hard to stop smoking. You feel very worried when you know his situation. How do you advise James to quit smoking? Please discuss in groups: What should you tell James to help him to stop smoking and live a more healthy life?

(After 1 minute's discussion)

Ss：Maybe the harmful effects and the suggestions .

T：Great ideas! Today we are going to read a passage. I think you can learn something useful by reading this passage to give James some advice and help him quit smoking and live a more healthy life again.

步骤1的设计意图，是通过简单的问答互动热身和情境创设，减轻陌生教师上课给学生带来的心理压力，并提取学生已有的关于文本主题的知识，同时通过短时小组讨论：要想劝说他人戒烟需要用到哪些方面的知识，以此形成任务驱动，引起学生思考，激发学生的阅读兴趣和阅读期待，让学生试着进行口头描述，既激活了已有的语言储备，又使其更专注于即将学习的内容。

2. Step 2: While-Reading (20 分钟)

（1） Skimming（5 分钟）。

Read for main idea: How many parts the text consists of and what each part is mainly about? What is the main idea of the whole passage.

Part 1: A letter of advice.

Part 2: An Internet page.

Main idea of the passage:

_____ (who?) wrote the letter to _____ (whom?) to give him some _____ (what?) and encourage him to _____ (do what?).

Read for structure: Match each paragraph with its main idea.

Paragraph 1: James' problem of smoking.

Paragraph 2: Telling some different ways of becoming addicted.

Paragraph 3: The writer's hope for his grandson and advice on stopping smoking.

Paragraph 4: Telling us the harmful effects of smoking.

Paragraph 5: Talking about the healthy life he leads through his own experience.

这部分的设计意图，首先是让学生根据文本特征和标题 *Advice from grandad* 快速识别语篇的类型为建议信，通过看文本呈现方式说出语篇由两部分构成：第一部分是爷爷写给 James 的信，第二部分是附在信后的如何戒烟的建议。其实通过快速阅读提取主要信息，总结语篇大意。利用连线的方式降低阅读难度，帮助学生快速梳理文本，理清文章结构，获取各段落主题。同时，也帮助学生了解在文本中能解决预设问题的有用信息"harmful effects"和"advice on stopping smoking"所在的关键语段，为下一步提取重要细节信息做好准备。

T: read through the letter and find out the answers as quickly as possible.

What are the three ways to become addicted to cigarettes?

What are the harmful effects of smoking?

What is the advice on stopping smoking?

Ss1: Three ways to become addicted to cigarettes: become accustomed to having nicotine, become addicted through habits and become mentally addicted.

Ss2: The harmful effects of smoking: do terrible damage to your hearts and lungs, have difficulties in becoming pregnant, affect their babies' health, affect the health of non-smokers, smell terrible, the ends of the fingers turn yellow, be unable to run fast and not enjoy sports.

Ss3: Advice on stopping smoking: prepare yourself, be determined, break habits, relax, get help if you need it and keep trying.

T: Now do the Higher order thinking: What kind of person do you think James' grandad is? (Paragraph. 1 and Paragraph. 2)

Ss: He is fit and healthy and leads an active life. /He appears to love his grandson. /He is …

这部分的设计意图，是让学生找出抽烟上瘾的三种方式，抽烟的影响和戒烟的方法，对抽烟更加了解，从而有效预防他们抽烟。问题设计从简单到难，从低阶思维到高阶思维，从课本中可以直接找到答案来概括爷爷的性格特点，爷爷过得非常健康的生活，引导学生向爷爷学习，体现核心素养下的阅读理解。

(2) Scanning (8 分钟)。

Read for the most important detailed information.

T: Do you remember your task to advise James to stop smoking?

Ss: Yes.

T: Now in which paragraphs can you find the information you need to persuade James to stop smoking?

Ss: Para 4 and Part two the internet page.

T: Good points. Now read only Para 4 and Part Two again.

T invites Ss to list the main points of the harmful effects of smoking and the suggestions of stopping smoking. (Mind map)

Fill in the blanks with detailed information from Part two.

Choose a day that is not _____ to quit smoking. Make a list of all the _____ you will get from stopping smoking. _____ all your cigarettes. _____ yourself you are a non-smoker when you feel like _____. Develop some other habits to keep yourself _____. If you feel nervous or _____, try some _____ exercises like deep breathing. You can stop smoking with a _____ or join a group. If necessary, ask a doctor or _____ for help. The most important is to keep trying. Don't feel _____ if you smoke again. Just _____ again.

这部分的设计意图，是让学生明白这节课是为了获取信息来劝说 James 戒烟而阅读，可以继续保持阅读的积极性；通过让学生用思维导图的方式列出吸烟危害性和戒烟的建议要点，再用细节填空的方式加深学生对戒烟方法措施的认识，为读后的口语交际活动和写作做好语料准备。

（3）Analyzing and summarizing the structure of the letter（7分钟）。

Beginning (Paragraph 1-2)：Greetings and the reason for the letter.

Body (Paragraph 3-4)：the three ways of being addicted to smoking and harmful effects.

Ending (Paragraph 5)：Hope and Suggestions attached to the letter.

T：If you are to write a letter of advice to James, will you write in this structure?

Ss：No.

T：Then, how will you arrange the structure of your letter? Please write it down. For example, beginning (Paragraph 1) is Greetings and the reason for the letter. Then, body (Paragraph 2) is the harmful effects and suggestions. At last, ending (Paragraph 3) is Hope.

T：Well done, kids! It is more commonly used and it is clearer than the structure of the passage.

这部分的设计意图，是引导学生依托语篇分析文本建议信的结构，概括出结构化知识即在书面表达中更常见的建议信结构。同时，培养学生的批判性思维，为进一步讨论主题意义进行读后的写作活动奠定了语言，文化和认知基础。

（3）Step 3：Post-reading（12分钟）。

Oral Practice（GW, 4分钟）：Suppose you are James' good friend. When you heard that James has been addicted to smoking, you were very worried. What would you like to say to your friend? Discuss with your group members and try to express your ideas.

Writing assignment（GW, 8分钟）. According to the result of your group discussion, write a letter to James trying to persuade him to quit smoking and live a more healthy life.

T：You can use what you have learned from the reading passage (Using the structure of a letter of advice to tell James the harmful effects of smoking, giving him some suggestions on how to stop smoking and expressing your hope.) Then, swap your group letter with another group. Choose the best one.

步骤3的设计意图，是让学生尝试使用和内化从文本中获取的有效语言信息，回归读前创建的情境，并选择适当的口头语言劝说他人戒烟。通过以读促写，以小组合作的方式完成书写一封建议信的写作任务并开展互评，加深学生对主题意义的理解，使阅读课的意义得以升华。

（4）Step 4：Summary（5分钟）。

T：Now, let's sum up what we have learned in this lesson.

T: We have read this passage. From the passage we mainly know the harmful effects of smoking and some suggestions on quitting smoking. I think you have understood the main idea of the passage and known how to use the information you have learned from the passage to advise a person to stop smoking. Smoking is a bad habit. It is harmful not only to the smokers but also to the non–smokers. So I hope all of you will never get into the bad habit. And I hope all of you can live a healthy and active life.

(Draw a mind-map.)

这部分的设计意图,是通过思维导图的方式总结文本要点,让学生加深理解吸烟的危害性,戒烟的必要性和健康生活的重要意义,形成积极健康的生活态度。

Homework:

Continuation writing:What will James do after receiving his grandad's letter? Continue with the rest of the story using your imagination with detailed description.

Search on the Internet or other sources for more information about how to stop smoking.

这部分的设计意图,是以健康生活主题为引领,以语篇为依托,将语言知识学习,文化内涵理解,语言技能发展融合运用在应用实践类和迁移创新类语言与思维活动中,学生在课后能够运用本课所学的语言知识和进行读后续写和个人写作。

(三)课后反思

笔者这节课,是在原教学设计和课堂教学实践的基础上经过修改后生成的新课。相比原教学设计教师领着学生机械地阅读全文,新教学设计能更好地体现"以学生为中心"的教学理念。通过阅读前小组讨论如何劝说James戒烟形成任务驱动,激发学生阅读的积极性和主动性,在阅读过程中重点阅读文章中的两部分内容,掌握吸烟的危害性和如何戒烟等知识。在阅读后,对如何写建议信形成结构性知识,为进一步练习口语和写作做好层层铺垫,更好地达到了本节课设计的教学目标。学生能够根据课前创设的情境,主动对文本进行阅读,有选择性地应用从文本中获取的信息进行口语交际表达,建议和劝说他人戒烟,并利用文本呈现的建议信的结构尝试完成一封建议信的书面作业。

本节课的课堂活动设计符合英语学习活动观的要求,学生在健康生活主题意义引领下,通过学习理解、应用实践和迁移创新等一系列英语学习活动,使学生在分析问题和解决问题的过程中促进语言知识学习、语言技能发展、多元思维发展、价值取向判断和学习策略运用。在这一过程中，学生语言知识与语言技能整合发展，思维品质得到提升，学习能力不断提高。

授之以鱼，不如授之以渔。做教师不能一味地教学生现成的知识，要教学生如何独立思考和探索。从实践中去总结，培养学生的自我发展能力，这就要求我们不仅要教学生"学会"，而且还要教学生"会学"。要使用各种方法教会学生"怎样学"的本领，使学生能够具备学习和灵活运用英语的能力。在阅读过程中根据你所选择的不同阅读材料的目的和要求，采取与之相适应的阅读方法，由浅入深，由简单到复杂，由表象到内在，循序渐进地进行阅读。要确定教师和学生的角色分工，要形成以教师为主导，学生为主体，学生在教师的指导下主动学习的模式，教师不要一手遮天，不要撒不开手，要相信学生，尊重学生的个性发展，这样才能给学生创造大胆去学习，去实践的舞台，充分调动学生学习的积极性，发挥他们潜在的能力。让学生带着问题去阅读，带着兴趣去阅读，对要读的课文内容，利用课本上或和该课文有关的图片、标题或者有关的问题进行讨论。在今后的教学中，我会牢记"以生为本"的教学原则，在备课时，除了从教师角度分析课堂教学内容，还应更多地从学生的角度考虑学习过程中可能遇到的困难，重视培养学生的思维能力，设计符合学生认知发展的活动，使阅读课教学更有效。

四、结束语

阅读是英语学习中最重要的部分，阅读能力的提高受到诸多方面的影响，如学生语言水平、知识面、学习环境等，但最重要的是我们教师如何引导，如何采取行之有效的措施，使学生的阅读能力在有限的时间内有一个较大的提高。作为阅读教学的一个聚焦点，教学设计关系到阅读教学的整体质量。英语阅读教学中的教学设计是否恰当，是否真正发挥其重要作用，关键是教师必须做到既备课又备人。对文本解读的深度直接影响着阅读教学的效果。而文本解读是一种创造性的阅读活动，学生在英语阅读中不仅获得了知识，更是锻炼了思维，实现了语言、思维上的全面发展。教师在初中英语教学中，应牢牢把握学生的主体地位，让学生成为阅读学习的主人。只要教师在设计教学活动时，仔细研读文本，对阅读文本做深入解读，根据学生的学情和认知规律把握住不同文本的体裁特点，设计出由浅入深、层层递进的教学，并且适时地给予学生必要的阅读指导，必定能加强学生在阅读中对于不同文本的驾驭能力，从而开发学生的创造性思维能力，并最终达到阅读能力提升的目标。

第十二章　基于知识可视化的高中英语深度阅读教学

——以人教版高中《英语必修1》（2019年版）
Unit 3 Sports and Fitness 的主题课文 Living Legends 为例[*]

一、问题的提出

阅读教学在高中英语课堂教学中占有很大的比重，而在实际的英语阅读教学实践中，大多数英语教师教学模式较为单一，文本解读以掌握文章大意和找寻细节信息为先，浅层信息设问为主，阅读应试技巧为重，而且重语法词汇讲解，轻语篇意识培养和语篇知识分析，忽视批评性思维的培养和正确价值观的树立。这样的"浅"阅读往往会导致学生失去对英语阅读兴趣，阅读理解能力低下，一叶障目，不见泰山，只见应试技巧，不见阅读文本的深层次意义。

而随着互联网的飞速发展、信息传播方式的更新、图片分享软件的风靡、短视频平台的火爆，毋庸置疑，我们已经进入了"读图时代"。相对于传统冗长乏味的文字，人们更热衷于随手可及的简短图像，"视觉化"正在潜移默化地影响数字时代下我们生活的方方面面。而在教育领域，视觉素养、媒介素养、知识可视化、读图能力等话题与教育教学的融合，也受到越来越多的重视。

《普通高中英语课程标准（2017年版）》首次明确把"看"作为五大语言技能之一，作为感知、解读文本的重要手段之一。[①] 2004年，南京师范大学首先在全国开设了"视觉文化与媒介素养"的课程，旨在培养学生的视觉

---

[*] 本章由湛江市第二十一中学李华艳执笔。

① 教育部. 普通高中英语课程标准：2017年版［M］. 北京：人民教育出版社，2018.

素养。① 在 2005—2015 年十年间，国内学者对知识可视化的关注持续上升，特别是在教育理论和教育应用领域。② 至今，在"互联网+教育"的信息时代，在高中英语阅读教学中，深度地融合新媒体传播下图像的优势，提升学生思维品质，实现深度阅读，具有重要的研究价值，值得思考和探索。

二、高中英语深度阅读教学

（一）深度学习的内涵

"深度学习"最早由美国学者菲尔伦斯·马顿和罗杰·萨乔提出的，我国学者对深度学习的研究起步虽然较晚，但国内众多学者对深度学习开展了大量的研究。在深度学习的内涵方面，学者们主要从学习层次和理性与非理性两个角度进行阐述。

在学习层次的角度，深度学习与浅层学习相对应。黎加厚教授以布鲁姆认知领域的目标分类为依据，提出，深度学习是在理解的基础上，学习者批判性地学习新思想和新知识，将它们与原有的认知结构相融合，将众多思想相互关联，将已有的知识迁移到新的情境中去，做出决策并解决问题的学习。

在理性与非理性的角度，学者们认为深度学习不仅限于知识解读的层次性，更应关注学生发展的丰富性。深度学习是超越表层符号知识的学习，是进入知识符号背后的思想、方法、逻辑、价值和意义的学习。强调在对知识深度理解和有效学习的基础上，对学生内心世界和情意品质、个性心理等方面的关注。③

（二）深度学习的特征

从深度学习的内涵不难发现，深度学习的"深"有以下四个特征。④

（1）第一个特征是能批评性地理解知识。深度学习的基础是理解，但并不是对事实信息进行简单、表层的认知和重复、机械的记忆，而是在多层次

---

① 张舒予. "视觉文化与媒介素养"课程核心理念与教学设计［J］. 现代远程教育研究，2012（2）：38-43.

② 王淑娟. 知识可视化视觉表征在初中英语教学中的应用研究［D］. 济南：山东师范大学，2017.

③ 张绍军，陈名英. 近十五年我国"深度学习"研究述评［J］. 教育测量与评价，2019（11）：34-40.

④ 何玲，黎加厚. 促进学生深度学习［J］. 现代教学，2005（5）：29-30.

多方位理解信息的基础上，独立思考，正确评判各种思想观点，挖掘更深层次的意义。

（2）第二个特征是能对知识进行关联性的构建。知识不是独立的，而是通过一定的逻辑关系连接成一个知识网络。因此，深度学习者应有整体理解信息的意识，能梳理、概括和整合复杂、抽象的信息，分析和推断知识材料的组织结构及其各部分之间的联系，联系旧知，构建基于信息文本的新概念。

（3）第三个特征是能对知识进行迁移与运用。知识的迁移与运用是基于对知识的批判性理解以及关联性构建，是高阶思维能力的体现。具备知识迁移与运用能力，意味着学习者能内化、运用先前所学的知识和技能，形成新的理解，支持新的学习，在关联的新情境中创造性地表达自己的观点，从而解决现实问题。[1]

（4）第四个特征是关注学习者的情感与价值观，信息的传递不只是其本质内容的传播，更重要的是信息背后的思维碰撞。深度学习更强调学习者正确人生观价值观的树立，自主学习和终身学习意识的培养，文化意识的形成。

（三）基于深度学习的高中英语阅读教学

高中英语阅读教学的深度应该体现在以下几个方面。

1. 语篇深度分析

教师应以语篇为单位设计和实施教学，具有单元整体阅读的意识，用整合、关联、发展的眼光分析阅读文本。在关注语篇的词汇和语法的基础上，教师更应该关注具体语篇的主题语境、语篇类型、写作目的、写作风格、语篇结构、语言特征、连贯手段、语义逻辑关系、文本蕴含的文化意识、情感态度以及价值观等，挖掘文本更深层次的内涵。

2. 问题深层设置

教师对文章主旨大意和细节信息这类较表层、简单的问题，可通过学生课前预习，通过单项选择、文本知识框架图的填空完成。在课堂教学上，应更多地以问题链、思维导图、音视频等的形式，引导学生对文本内容进行预测、梳理、概括、整合、分析、对比、批评、赏析、迁移以及创新，帮助学

---

[1] 邵慧娟. 基于促进深度学习的中学英语阅读教学路径［J］. 教师博览（科研版），2019（2）：8-11.

生培养高阶思维。

3. 阅读评价方式多样化

教师在评价学生阅读理解能力时，不能只依据阅读理解题目的分数，应更多关注学生在阅读过程中是否主动地，积极地参与到阅读活动中；关注学生在小组活动中担任的角色，可通过"阅读圈"的形式，观察和记录学生的表现；也可以通过多样化的任务布置，如绘制阅读文本思维导图、制作旅游小册子等，对学生的深度学习过程做出合理的评价。

三、知识可视化

（一）知识可视化的内涵和常见的可视化工具

"可视化"来源于"visualization"，也可以译为"图示化"，是运用视觉表征手段，促进群体知识的创新和传播，帮助人们重构、理解、记忆和应用知识的过程。[①] 可视化的实质是通过各种图像化的表达方式，把抽象化、思维化的隐性信息和复杂见解显性化，或者把显性信息生动化来呈现知识的意义，以达到知识的传播、共享、创新。[②] 图像化的表达方式多种多样，随着信息技术的发展，如今可视化更多地是以文字、图片、声音、动画等混合并用的符号方式呈现知识，也出现了虚拟化的可视化方式。

常用的可视化工具有图片、视音频、文字云图、思维导图、概念图、语义网络、认知地图等。笔者在本次教学设计中主要使用到图片、文字云图、文本可视化视频、思维导图。文字云图是指通过文字云图工具制作而成的反映文字频率的可视图。[③] 而思维导图是将"文本"用"圆圈"等"框起来"，再用线条呈现文本（知识）之间关系的可视化工具。[④] 文本可视化视频是把纸质文本内容，通过视频的方式生动形象地呈现知识意义的多模态工具。不管是哪种可视化工具，都能更好地帮助学生"图解"文本知识。

[①] 赵国庆，黄荣怀，陆志坚. 知识可视化的理论与方法 [J]. 开放教育研究，2005（1）：23-27.

[②] 王淑娟. 知识可视化视觉表征在初中英语教学中的应用研究 [D]. 济南：山东师范大学，2017.

[③] 杜华，孙艳超. 文字云图在英语阅读教学中的应用研究 [J]. 中国电化教育，2012（8）：115-119.

[④] 朱永海，张舒予. 知识视觉表征：知识可视化的实践途径 [J]. 电化教育研究，2013，34（8）：17-23.

（二）知识可视化与深度阅读教学

传统的高中阅读教学枯燥乏味，教学模式单一表层，以大量文字形式呈现知识为主，忽略学生的主观能动性，而知识可视化在深度阅读教学方面有很大的作用。

（1）可视化阅读教学有利于培养学生的多元识读能力。可视化教学更直观、形象、生动，能降低文字冗余[①]，充分调动学生的听觉、视觉、触觉等多感官，促使阅读教学从单一模态转变成多模态，从而帮助学生超越传统的语言读写能力，多维度地运用媒体资源获取阅读文本信息、理解文本意义、加深记忆，锻炼自我解读能力。[②]

（2）可视化阅读教学有利于培养学生的逻辑思维。知识可视化不仅可以把文字"图解"，还能把思维"图解"，思维导图就是其中一种实用的思维可视化工具。学生借助思维导图可以更好地理解文本抽象的信息、复杂的见解，并分析、梳理、推理和归纳文本中句与句之间、段与段之间的逻辑关系。

（3）可视化阅读教学有利于培养学生的创新思维。可视化给学生提供充分的想象空间，想象力比知识更重要。以图像为代表的多数非语言符号，相比于语言文字，在意义上传递着许多细微的差别，包含的视觉隐喻层次也更深。[③] 因此，学生对阅读文本解读出的意义更多，甚至超越文本的意义，进行符号的再创造。

（三）知识可视化与高中英语深度阅读教学的融合

传统的阅读教学是单一的、表层的教学，而知识可视化能拓宽阅读的广度和深度。知识可视化和深度阅读教学的融合，主要有以下三种方式。

（1）文字云图用于文本预测和文本复述。文字云图是文本高频词的集中体现，而且视觉效果良好，容易吸引学生的注意力，给学生留下深刻印象。教师可以利用云图的形状、蕴含的关键词和非关键词引导学生预测和复述文本，激发学生的联想能力和创新能力。

[①] 张丽. 试分析可视化教学的合理性及局限性［J］. 山东工业技术，2019（11）：212.

[②] 曹韵. 多模态教育环境中的多元识读能力培养研究［J］. 外语学刊，2015（4）：134-137.

[③] 朱永海，张舒予. 知识视觉表征：知识可视化的实践途径［J］. 电化教育研究，2013，34（8）：17-23.

（2）文本可视化视频用于情景化文本知识的感知、情感态度和价值观的传递。文本可视化视频提供多模态的、情景化的学习环境，不是学生接受简单的、直接的、被动的知识输入，而是学生运用多元识读能力主动理解和构建知识的过程。特别是在情感态度的渲染和正确价值观的传递方面，可视化视频起着重要的作用。文本可视化视频的呈现方式多样化，可以是根据文本内容制作的视频，可以是挖空字幕的视频，也可以是消音的视频，是深度学习的重要途径。

（3）思维导图用于文本内容的梳理、文本结构的构建。思维导图是培养逻辑性思维的重要工具，尤其在高中英语阅读中，文章偏长偏难，思维导图能帮助学生在抽象复杂的文本中快速理清文章脉络，而且在迁移运用中，也能帮助学生快速构建清晰的思路。

四、可视化高中英语深度阅读教学的设计与实践

下面以人教版高中《英语必修1》（2019 版）*Unit 3 Sports and Fitness* 的主题课文 *Living Legends* 为例，探究知识可视化在高中英语深度阅读教学中的运用。

（一）语篇分析

本课课型为阅读课，篇章不长。语篇主题为"挑选最喜欢的运动员"，属于人与社会范畴，语篇情境为杂志社邀请读者来信，推选心中的"体育传奇"。作者在引领段给出了"人物传奇"的两个标准：masters in sports 和 set good examples for others，这两个标准贯穿语篇，值得学生加以理解和评判。

语篇类型为杂志文章，文章标题 *Living Legends* 使用头韵的修辞手法，简单明了，吸引读者的注意力。语篇结构清晰，由标题、摘要、引领段和正文组成，正文由两个小标题引出有关郎平和乔丹的两个语篇。第一个语篇讲述了郎平作为运动员，作为教练，作为个人三方面的事迹，着重描写在2015年的世界杯和2016年的奥运会上，郎平作为教练带领中国女排取得冠军的故事，体现了郎平的团队合作精神和迎难而上的决心。第二个语篇主要讲述乔丹的篮球技巧、独特之处、成功的秘诀以及建立俱乐部四个方面，体现乔丹不畏失败、坚持不懈的精神以及对公益事业的热心。[①]

在语言特征方面，作为大众传播媒介，杂志文章的语言一般通俗易懂，

---

① 人民教育出版社教材研发中心. 普通高中教科书英语教师教学用书［M］. 北京：人民教育出版社，2019.

同时因为版面有限，语言也有浓缩精练的特点。而在两篇语篇中，语言也有各自的特色，关于郎平的语篇采用排比的修辞手法（as a player, ... as a coach, ... as a person）来举例子、摆事实。关于乔丹的语篇则是使用拟人（time seemed to stand still）、比喻（把 Michael Jordan 比喻为 Air Jordan）的修辞手法，而且还使用了直接引语（I can accept failure. But I can't accept not trying），乔丹的这句话能给当代青少年很大的鼓励，具有强大的感染力，能很好地和学生产生共鸣。

（二）学情分析

授课对象为高一普通班的学生。作为高一新生，学生词汇语法的学习还算扎实，但是综合语言运用能力较为薄弱，高阶思维能力不足。相对而言，男同学对体育项目、体育明星较为熟悉，而且非常崇拜乔丹，而女同学则对与体育相关的内容比较陌生。

（三）教学目标

本次课为阅读新授课，学生通过本课的学习能够达成一下目标。
（1）根据文字云图猜测传奇人物。
（2）通过图片、标题、版式推断文体。
（3）使用思维导图梳理文本信息，在多模态学习环境中获取文本细节信息，了解文章的修辞手法，分析杰出运动员的人格魅力。
（4）运用媒体资源，发挥创新能力，描述自己最喜欢的运动员

（四）教学重难点

本课重点在于借助知识可视化手段帮助学生获取、梳理、分析文本信息，进行深度阅读，培养高阶思维能力；同时，感受杰出运动员作为榜样的力量。难点在于激发学生的创新思维，以及促进学生运用信息化手段进行迁移与运用。

（五）教学过程

1. Step 1：读前文本内容预测

（1）教师呈现根据文本中郎平和乔丹的相关内容制作的两个文字云图（如图 12-1 所示），并通过问题引导学生思考。学生根据文字云图的形状以及词频高的词汇，猜测杂志中的传奇人物是哪位杰出的运动员，并结合对这两位传奇人物的了解，说说对他们的印象。设计的问题如下。

图 12 – 1　文字云图

Look at the "word cloud". Who do you think they are?

What are the words that first occur to your mind about them?

What have you already known about them?

What do you want to know about them?

（2）教师通过层层深入的问题引导学生观察课文的标题、图片、小标题和版式，推断文章的体裁，讲解文章标题的修辞手法（头韵），以及引导学生初步了解杂志文章的语言特征。设计的问题如下。

Look at the picture, the title and the design. What is the article possibly from?

Why do the author use Living Legends as a title?

Do you think the magazine article can attract readers?

Make a guess. In order to attract people, what language should the author use?

不管是文字云图还是普通的图片，图片传达的内容比文字容量大而且生动有趣。步骤1的设计意图，是让学生在观察图片时，不自觉激活旧知与文本的联系，多维度挖掘图片隐含的信息。文字云图作为特别的图片，能视觉化呈现文章频率较高的"关键词"，有利于培养学生"看"的语言技能。通过多个不同层次问题的设置，能有效激发学生的学习兴趣和好奇心，形成对郎平和乔丹的阅读期待。同时，帮助学生了解文章体裁，初步赏析杂志文章通俗易懂、浓缩精练的语言特点，以及猜测文本中会使用哪些修辞手法，为下文排比、拟人、比喻等修辞手法的出现做铺垫。

2. Step 2：读中文本信息获取

（1）教师呈现绘制好的挖空的思维导图（如图12－2所示），让学生阅读有关郎平的语篇，填写思维导图。在这个过程中，教师提醒学生对填写信息进行归纳，对语言进行提炼，勿整句照搬文本内容。学生填写完成之后，教师和学生一起核对答案，分析语篇的主旨大意、组织结构和修辞手法，并提出思维导图中梳理的有关文本内容的问题。设计的问题如下。

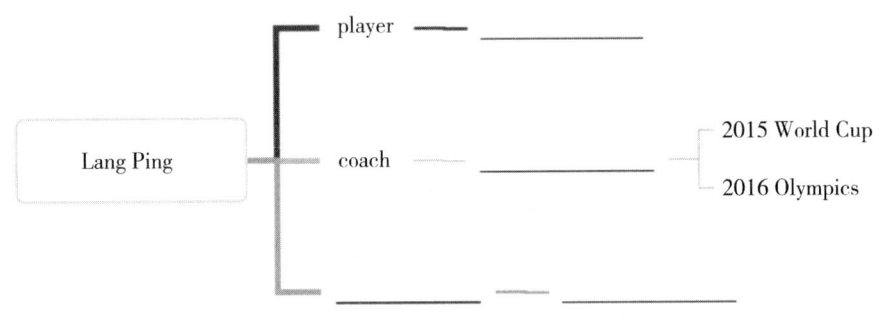

图12－2　思维导图1

What is the passage mainly about?

What figures of speech are used? Why?

Why do we use player, coach, person as the second layer? How is the passage organized?

Why do we put the things happened in 2015 and 2016 in the third layer?

What is the function of mind-map? How should we use the mind-map to arrange the information?

这部分的设计意图，是用挖空的思维导图让学生填空，是引导学生概括、归纳文章信息，梳理文章结构，感知文章主旨大意的过程。填空后的思维导图的分析，从第一层（中心层），到第二层（信息归纳），到第三层（具体信息），逐层引导学生思考如何用思维导图"图解"文本之间的逻辑关系，为下文乔丹部分的思维导图做铺垫。

（2）教师播放中国女排在2015年世界杯和2016年奥运会中国女排决赛时的精彩片段，并配以挖空的字幕，让学生进行视频字幕填空，找寻文本中的细节信息。

　　When the Chinese team was _____ for the 2015 World Cup, her _____ was tested. The team that Lang Ping had built was _____. One of the best players had been _____, and the team captain had to leave because of _____ problems. Losing two important players was a big _____, but Lang Ping did not _____. She had faced difficulties before, and she knew that her young players could win if they _____ as a team. Two weeks later, they were world _____! Then in 2016, Lang Ping led her volleyball team to Olympic _____ in Brazil.

　　学生填写完毕之后，教师核对答案，让学生们扮演体育新闻播报记者，带感情地给中国女排的视频配音。最后，教师简单引导学生思考如何报道一个体育事项，以及对文本进行情感和价值观上的延伸，引导学生思考什么是女排精神。设计的问题如下。

　　How to make a news report of a sport event?
　　What do you think of the spirit of China women's volleyball team?

　　文本可视化视频是笔者根据中国女排在2015年世界杯和2016年奥运会的故事制作的视频短片，真实感人，短小简洁，故事性强。这部分的设计意图，是用视频的形式活化纸质上的文字材料，使得阅读教学更具有情景性，增强文章内容的感染力，让学生置身于听说读写看多模态的学习环境中，进行有声的阅读联想。学生在观看体育新闻报道的同时，进行字幕填空以及配音朗读，帮助学生更有效地找寻文本的细节信息，以及感受中国女排团结合作的精神，迎难而上的决心和来之不易的胜利。

　　（3）教师呈现绘制好的挖空的思维导图（如图12-3所示），让学生阅读有关乔丹的语篇，填写思维导图。在这个过程中，教师再次提醒学生对第

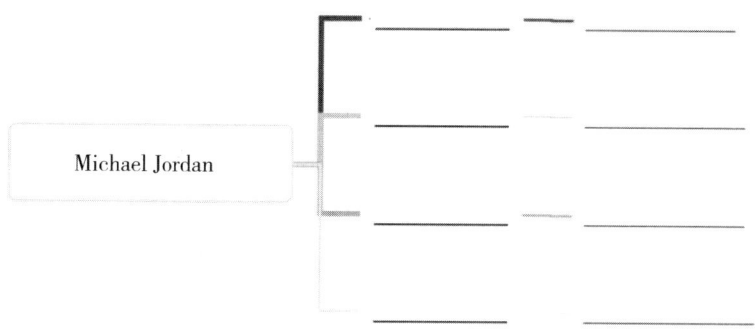

图12-3　思维导图2

二层信息的填写进行归纳，对第三层信息的填写进行语言的简洁提炼。教师在学生填写思维导图的时候，拍摄学生的作品，并在大屏幕上呈现几个学生的作品，让学生们分析和比较哪个作品更好的呈现了文本的逻辑关系。然后，选出最佳的思维导图，以此问题带动学生分析乔丹这个语篇的主旨大意、组织结构、修辞手法。最后，播放乔丹打篮球的视频片段（视频重点突出 I can accept failure. But I can't accept not trying 这句话），引导学生思考乔丹所诠释的运动精神。设计的问题如下。

What is the passage mainly about?
Which aspect does the article include?
What figures of speech are used? Why?
What do you think make Jordan so great and unique? Why?

郎平的思维导图设空较少，乔丹的思维导图设空较多，这部分的设计意图，是给学生更多自主发挥的空间。从郎平到乔丹，思维导图的再次使用，有利于培养学生整体阅读的意识和锻炼学生的逻辑思维能力，有利于学生掌握用思维导图梳理、整合文章内容，分析文章逻辑结构的阅读技巧。之后播放乔丹打篮球的视频片段，有助于学生通过视频回忆刚才所学的文本内容，也为最后的设问——对乔丹的运动精神的理解做情感的渲染。

3. Step 3：评判、迁移与运用

（1）教师回到主题"人物传奇"，引导学生分析郎平和乔丹两位杰出运动员的人格魅力。设计的问题如下。

What do you think Lang Ping and Jordan have in common?
Who can be a "Living Legend of Sports"?
If a person is only the master in his field, can he be a "Living Legend"?
What can you learn from Lang Ping and Jordan?
Do you hope to set a good example for others?

这部分的设计意图，是由于女排精神和乔丹精神激励着一代又一代的人，对学生正确人生观和价值观的树立有重要的作用。这个环节引导学生归纳了郎平和乔丹的共同点，再次回到标题 Living Legends，探讨和评判成为"人物传奇"的两个标准 masters in sports 和 set good examples for others，如果缺少其中一个条件，能否成为传奇人物呢？引导学生独立思考，形成自己的观点。同时，引导学生学习这两位传奇人物的精神，为自己树立更高的人生理想。

（2）学生基于本文所学知识，借助思维导图，进行知识的迁移与运用。教师设置情景：该杂志社打算再次刊登体育界的"传奇人物"，向同学们发出邀请，推选心目中的最喜欢的体育明星。请同学们模仿杂志文章的形式，向杂志社投稿。学生以小组为单位，绘制小组的杂志文章，要求如下：①具备杂志文章的元素：标题、图片、版式；②能适当运用修辞手法；③借助思维导图，让内容结构清晰，有逻辑性；④传奇人物需有代表性

这部分的设计意图，是让绘制学生最喜欢的体育明星的杂志文章，给学生提供一个知识内化、迁移和运用的舞台，从课内向课外延伸。思维导图帮助学生再次建构知识框架，同时，也帮助学生发散思维，从中心层次不断往外延伸，不断联系旧知，迸发新知识。这不仅是锻炼学生对本课传奇人物的迁移运用，也是对可视化信息技术的运用。

（六）课后作业

小组成员进一步补充和完善自己小组的思维导图，以此为字最喜欢的体育明星制作一个简短的 Vlog（视频日志），讲述他或她的传奇事迹和运动精神，同学们投票选出最佳视频制作。

课后人物传奇视频的制作是对所学知识的复习和巩固，相比杂志文章的绘制，Vlog 的创作更考验学生对新媒体资源的运用能力和创新能力。Vlog 的创作难度更大，也进一步阐释了乔丹的运动精神：I can accept failure. But I can't accept not trying.

五、结语

在信息技术日益发达的今天，教育信息技术无疑是促进深度学习的有效而重要的途径。知识可视化不仅仅是在表现形式上使人眼前一亮，更重要的是，在学生思维品质的培养方面扮演着重要的角色。本文的教学案例从文字云图的使用、中国女排挖空字幕视频的呈现、乔丹篮球片段视频的展示、到思维导图的运用，无不体现了"图示"知识具备的形象的表达能力、清晰的结构化功能、无限的想象空间。这能有效帮助学生辨析语言现象、梳理知识脉络、建构新概念、创造性地表达观点。而在作业布置上要求学生运用媒体资源诠释传奇人物的体育精神，又反过来促进学生信息素养的提高。

知识可视化运用于深度阅读教学也有其局限性，如可视化资源有待开发、学生容易依赖图像时代带来的视觉刺激，缺乏深度安静的文字阅读，等。但正如北京师范大学教育学部的郑新蓉教授所说："图像时代来得太突

然，人们来不及准备和反思，首先是惊愕反应，随后便是迅速全身心地拥抱。"① 我们教师需要为未来而教，为未来而学。② 读图时代已经到来，教育又怎能滞后？何不开发图像资源，利用可视化手段的优势，让课堂"图文并茂""有声有色"，拥抱这个读图时代。

---

① 郑新蓉. 在读图时代重新理解教育［EB/OL］.（2018－10－24）［2020－05－05］. https：//mp.weixin.qq.com/s/psAh9yxvSoaNNlT3Ap4G2g.
② 冯丽娟. 基于核心素养培养的英语信息化教学实践探究：以一堂初中英语听说课的教学设计为例［J］. 英语教师，2018，18（11）：119－123.

第十三章 基于批判性思维的课堂提问对深度阅读教学的探究

——以人教版高中《英语必修5》 Unit 3 Life in the Future 的主题课文 First Impression 为例*

一、问题的提出

《普通高中英语课程标准（2017年版）》（以下简称《课标》）倡导学生需要基于不同类型的语篇，通过不同的语言技能深化语篇理解，重视语篇赏析、比较和探究文化内涵，形成批判性思维。在阅读中培养学生的批判性思维是深度阅读教学的体现。[①]《课程》确立了英语学科的德育作用，通过语篇培养学生语言能力、思辨能力、学习能力和创新能力，同时渗透世界观、人生观和价值观教育。这确定了英语学科在日常教学中除了有传统的语言知识点教学外，还要培养学生的分析学习能力和正确的三观。这就必然需要在英语课堂教学中，让我们的传统教学得到升华，革新我们的教学理念。

而在实际操作中，这种深度阅读教学常常没有得到很好的展开。

（1）深度阅读教学是需要教师在阅读课上做好文本基础信息铺垫后，学生结合自己的认知再对文本主题做进一步的对比、分析和思辨的输出的过程。这就需要在课堂上给学生一个充分沉淀消化的过程。在实际教学操作中，由于课时有限，教师为了赶课时进度，并没有给阅读课的深度阅读教学留下足够的时间。在失去深度阅读教学的课堂中，学生的思辨能力难以得到提升，更谈不上发挥学科德育教育作用。

（2）教师对文本的研读不足，对《课程》倡导的教育理念缺乏了解和

---

* 本章由湛江市第二十一中学黄月明执笔。

① 教育部. 普通高中英语课程标准：2017年版 [M]. 北京：人民教育出版社，2018.

认识，所以实际阅读课教学设计过于简单化和流程化，很多问题和活动都停留在对表层信息的理解和细节信息的提取，没有引导学生真正去关注文本所要表达的深层次内容，也就更没有设计教学活动让学生结合自身原有认知思辨地看待文本话题的信息，并且生成自己的观点和看法。这种长期停留在获取文本表面信息的阅读教学，很验证使学生形成批判性思维形成。因此，如何在我们有限的课时中开展深度阅读教学，既能帮助学生在文本中获取足够的语言和信息支架做铺垫，又能从文本认知上升到信息处理再到思辨性判断，从而促使学生产生批判性思维，实现英语学科的德育教学作用，成为我们现阶段要探索的问题。

二、有效的课堂提问促使学生批判性思维的形成

英语教学中的深层阅读课是指类似于语文教学模式，超越文本表面信息的处理，对文本所表达的情感、文化、态度、意图等信息的深层解读。它促使思辨性高阶思维的发展，帮助学生挖掘语言文化知识，同时，通过文本让学生进行自我建构和提升学习能力。而英语课上批判性思维的培养就是英语深度阅读教学的一种重要体现。

美国哲学家德尔菲认为批判性思维是一种有目的地对自我当前行为的一种判断。批判性思维和批判性阅读是联系在一起的，这种思维在英语阅读教学中主要表现在两个方面：一是对文本的高层次理解；二是对文本的信息进行评价和鉴赏。批判性思维的培养落实到阅读教学课中，主要是通过教师在课堂上进行提问引导。

布鲁姆把认知目标分成六个层次：记忆、理解、运用、分析、综合和评价。根据他的认知目标分类法，我们将高中英语阅读教学中教师提的问题分为三类，分别是：展示型问题、参阅型问题和评估型问题。[①] 展示型问题帮助学生对文本信息进行识记和理解，属于识记和理解层面的认知；参阅型问题是针对文本的特征、写作特点、写作意图或文本蕴含关键点提问的问题，属于应用和分析的认知；评估型问题是学生获取文本基本知识后，对文本话题进行拓展而设计的话题，属于综合和评价的认知。它们三者的认知层面逐层递进，思维从低级到高级，从而形成批判性思维。它们在实际阅读教学中与批判性思维的关系如下。

（1）展示型问题有助于学生梳理文本信息，为阅读教学批判性思维活动

---

① 梁美珍，黄海丽，於晨，等. 英语阅读教学中的问题设计：批判性阅读视角[M]. 浙江：浙江大学出版社，2014：5.

的展开打好基础。阅读是一个"理解文本、拓展文本、发展思维"的思想活动过程,理解文本是积累文本事实信息、拓展文本和发展思维的基础。所以教师在批判性思维问题提出之前,必须要有足够的文本事实信息的积累。这就需要有一系列围绕文章主旨展开的展示型问题的提出,引导学生积累文本信息。

(2)参阅型问题有助于学生明白文本特征、了解作者意图和观点,挖掘文本的隐含信息,是批判性阅读活动的体现。批判性阅读活动不应只放在教学课堂中最后一个环节,它应该要融入课堂教学的每一个环节。参阅型问题是在展示型问题的基础上,对文本的深化,让学生更好地理解文本里所涉及的隐含意思。

(3)评估型问题是阅读教学中培养学生批判性思维重要的体现。但阅读教学中评估型问题不能在阅读课中单独存在,它必须依托教师提出的针对文本的展示型问题和参阅型问题,属于认知层次中的高阶思维,是阅读教学中对文本主题的深化。

在实际阅读教学设计中,教师应当先设置展示型问题,帮助学生识记和理解文本内容,为参阅型问题和评估型问题积累必要的文本信息。但是在现实教学中,后两个类型的问题顺序不是一成不变的,可以根据实际教学情况进行调整。教师可以在展示型问题后设计参阅型问题,也可在展示型问题后设置评估型问题,不一定非要展示型问题—参阅型问题—评估型问题这样的流程。同时,这三个问题相互作用,让学生对文本的理解从浅到深,逐步递进,促使学生产生批判性思维。

但在实际教学中,课堂上三种问题的安排要注意以下 3 点,避免没有为学生提供合理支架,造成失败的课堂设计。

(1)在有限的课堂时间里合理安排三种问题的比例。在三种问题中,展示型问题属于认识和思维层次的最低阶,但是确是高阶思维的基础。所以在设置展示型和评估型问题前,必须要有足够的展示型问题为它们做好必要的铺垫和支架。但同时由于课堂时间有限,教师必须要控制好展示型问题的数量,避免因问题过多占用课堂时间,只能让阅读理解停留在浅层;同时过多无关核心主线的展示型问题会扰乱学生对文章理解的思路,导致促进无法对文本的理解。

(2)参阅型问题及评估型问题是展示型问题的提升。这三种问题在阅读课上的提出要遵循学生的认知思维规律,他们之间的关系必须层层递进。例如通过一系列展示型问题向学生展示文本事实,从而让学生读出作者的意图和观点,进行概括后,教师可再引导学生对作者的证据进行分析,判断其是否存在着因果或其他逻辑关系,从而形成学生自己的观点。

(3)评估型问题不能脱离文本内容。在教学中,教师经常用评估型问题来作为读后环节的阅读课主题提升。这个环节的评估型问题一般基于文本又高于文本，但是却实际教学中，教师却很容易设置成高于文本却脱离文章内容。例如针对本课例的读后活动，教师设置评估型问题：If time capsule were invented, shall we take it to travel to the future or the past? Does the time travel have an effect on our world now? 此问题虽然涉及时间穿越，但是并非我们本单元课文主题最终想要探讨的问题。课文的主线是描写未来与现在的不同，而非探讨时间穿梭所带来的道德问题。如果教师在教学中评估型问题脱离文本内容，学生的输出环节由于欠缺对文本基础信息的积累，读后的思维提升环节只能是走个过场，图个形式，没有真正地让学生上升文本认识层次。

三、教学思路

基于上述对3种不同认知层次的问题及对批判性思维培养的教学设计理解，笔者综合考虑了本次教学案例中的文本特征，具体的教学学时、学生实际情况，对本课例设计如下。

（1）读前环节，话题导入环节，为进入文本主题教学做好准备。此环节的目的是唤起学生学习兴趣，进入文本话题前开展头脑风暴，预测文本内容，启动先行认知，为学生主动思考积极学习做好准备。

（2）读中环节，重视展示型问题的质量，问题的提出要围绕文章主题，凸显文本脉络，层层递进，引导学生通过展示型问题对文章基本信息进行梳理后通过参阅型问题进一步对文章的隐含信息进行挖掘，例如文字背后所隐含的情感、态度、产生该情感的原因等。

（3）读后环节，注重阅读主题的提升。此环节主要是评估型问题，该环节设置既要基于文本阅读，也要高于文本阅读。是培养批判性思维的重要教学环节。是学生在学习语篇，对语篇的结构、语言特点及基本信息学习梳理过后，结合自己的原有知识，对语篇涉及内容的理解与分析，是深层阅读教学的升华部分。

四、教学案例

笔者所选教材是人教版高中《英语必修5》Unit 3 Life in the Future 的主题课文 First Impression。

（一）阅读教学设计

（1）主题语境：人与社会——未来生活。

（2）语篇类型：电子邮件。

(3) 教材：人教版高中《英语必修 5》
(4) 课题：*Unit 3 Life in the Future* 的主题课文 *First Impression*。
(5) 授课时长：两课时（每课时 40 分钟）。

（二）语篇分析

从单元角度来看，本单元的主题是"Life in the future"，中心话题是"谈未来"，内容主要涉及人类对今后生活环境的想象、猜测和思考。本课属于 Reading 板块，学生通过学习文本，触发对未来生活的交通、工作方式、环境、住房、交流方式等的探讨，对比文中将来与现在的变化，判断变化好坏，从而思考应该如何面对这些有可能到来的变化。

在体裁方面，本文以电子邮件的形式，记叙了主人公李强的时光穿越之旅，所以文章描写偏向于叙事，对时光穿梭旅行前、旅行中和到达未来世界后都进行了生动的描述，课文更对李强坐时光机、开未来飞车和住未来房子都进行了配图，让读者阅读文章时更有画面感。

在选材内容方面，这封书信体的文章主题虽然聚焦千年后世界，但是却没有写得过泛，而是选取了学生最熟悉的并且与之生活息息相关的空气质量、交通工具及住房三个方面来叙述。这三个方面的选材很容易让学生联系自己实际生活情况进行对比，从而能够思辨性分析李强所处的千年后时间变化的好坏。

在语言表达上，文章多处使用非谓语动词，如在表达出发前紧张的心情："Worried about the journey, I was unsettled for the first few days"；介绍李强未来之旅的旅行团："Well-known for their expertise, his parents' company, called 'Future Tours', transported me safely into the future in a time capsule"；还有在到达千年后世界的第一感受"Hit by a lack of fresh air, my head ached"和"Arriving at a strange-looking house, he showed me into a large, bright clean room."全文多处使用非谓语做状语，细节描写生动简洁，是学生学习非谓语的好素材。

（三）学情分析

本节课的教学对象是高二年级某班级的学生，此班上的学生整体英语水平偏弱。部分学生英语成绩优秀，口语表达流利，热爱英语学科；也有部分学生英语水平不高，词汇有限，语法基础较差，在课堂上表现不太活跃，对英语学科不太自信，不敢甚至不能用英语表达自己的想法。

由于本课中心话题是"谈未来"，内容可以打开学生的丰富想象力，所以大部分学生对文章所涉及的话题很感兴趣，在讨论环节都愿意积极参与其中。由于部分学生英语水平有限，需要一些辅助或者话题提示，教师在上课时设置一些提示或者通过小组合作，让本课中基础薄弱的学生也能积极参与到课堂中。

（四）教学目标

在本课学习结束的时，希望学生能够达成以下目标。
（1）够通过李强在旅行前的细节描写理解他的心情。
（2）学生能够找到文章中对未来生活的细节描写并且通过与现在现实生活进行对比。
（3）学生通过将来生活和现在生活的对比判断李强所描述的未来世界的生活改变的好坏。
（4）学生通过对比两个不同时期的生活判断好坏过后可以意识到环境保护对于我们所居住的环境的重要性。

（五）教学重点

通过对现在生活与文中李强描述千年后未来的生活进行对比，感受不同时期的生活变化并且判断出这些变化是好的还是坏的。

（六）教学过程

1. 活动1：话题导入

授课教师用问题"Have you ever imagined what the world will be like after one thousand years?"引入本课话题，为引入文章主题而做准备。由于此问题较为空泛，为提升学生的课堂讨论效率，可以通过图片提示学生讨论范围，例如交通、环境、教育方式及住房问题。尤其在未来的环境上可引导学生多说一些，为课后活动深化主题阅读人与自然做更多准备。

活动1的设计意图，是通过学生之间的讨论，师生之间的对话分享对未来生活的预测，以此激活学生对此话题的知识储备，引发学生主动思考，激发学习兴趣，为教学的下一个环节做准备。

2. 活动2：读前预测

授课教师向学生展示课文的截图，在课文的最开始和结束的地方分别用圆圈画出来，并且向学生提问"What is the style of the text?"学生在快速浏览文章并且结合教师的提示后会很快得出结论——这是一封信件体文章，同时了解到这是一封李强写给父母的家书。之后教师再通过展示文本的题目

First Impression 结合课本三幅配图,让学生预测课文内容。

T asks: what aspect in the future do you think is mentioned in the letter according to the picture?

S: The machine that helps Li Qiang travel to the future, the transportation and the house.

活动 2 的设计意图,是通过对课文的语篇布局特征让学生先对文本进行预测,让学生了解到这是一封书信体文章,是李强写给他的父母关于他到千年后世界的所见所闻。授课老师借助课文的题目及图片,再次让学生对本文中所提及的未来生活所涉及的方面做进一步预测,让学生为进入课文阅读做进一步的准备。

3. 活动 3:阅读文本,理清文章结构

教师让学生快速浏览文章,让学生对全文的主旨大意有快速地了解。为帮助学生快速理清文章大意,教师提出以下展示型问题。

T: What is the main character in the text?

S: Li Qiang.

T: What did he do?

S: He had a chance to travel to the world in AD3008.

在学生对这 2 个问题作答后,教师要求学生再次浏览全文,并根据课文内容完成表 13-1。

表 13-1 文章结构

Paragraph	Main idea
Paragraph 1	Feelings before the _____ _____ trip.
Paragraph 2	First impression about taking the time _____.
Paragraph 3	First impressions about the _____ and _____ in the future city.
Paragraph 4	First impression about the _____ in the future city.

完成表 13-1 后,教师让学生根据段落意思,思考将文章分成多少部分。

T: How many parts can the text be divided into? Why?

S: We can divide the text into two parts. The first part is about the description before the journey. The Second part is about what Li Qiang experienced during the trip.

教师向学生展示分段后课文的结构图(如图 13-1 所示)。

$$
\begin{array}{l}
\text{Part 1:Before the journey} \quad \text{Paragraph 1} \\
\text{Part 2:During the journey} \left\{ \begin{array}{l} \text{Paragraph 2} \\ \text{Paragraph 3} \\ \text{Paragraph 4} \end{array} \right.
\end{array}
$$

图 13 – 1　课文结构

活动 3 的设计意图，是将这个教学环节设置在文章分段信息处理之前，表格所缺失内容都可在文本中找到答案，是展示型问题的转化，让学生初步了解文章内容后，再借助段意理清文章脉络，了解本文写作布局，上升到参阅型问题。为下一步文章深层理解活动的开展奠定了基础。

4. 活动 4：细读文章，了解文章主题

教师根据活动 3 课文文本特征分析，把整篇文章分为两个部分让学生再次细读，进行语篇信息梳理。

(1) 阅读第一自然段，学生小组合作，根据文本内容找出李强的出发前对自己的描述，完成表 13 – 2。

表 13 – 2　李强出发前对自己的描述

What did Li Qiang do?	What did he feel?
1. I _____ that I am taking up this prize that I won last year.	
2. I have to _____ that I am really in AD 3008.	
3. _____, I was unsettled for the first few days.	
4. As a result, I _____ "time lag".	

在小组完成表 13 – 2 的任务后，学生很容易理解到出发前李强紧张的心情，教师接着提出问题。

T：Why was he nervous?

S1：Because he didn't know anything about future.

S2：Because he worried whether he would adjust to the life in the future.

(2) 教师让学生通读第二自然段并且回答问题。

T：What did Li Qiang experience in the capsule?

S1：He experienced the seat in the time capsule and had a drink.

T：What did he think of the seat in the capsule

S2：He found the seat in the capsule very comfortable.

T：What's his feeling after drinking?

S3: He felt calm and sleepy after drinking.

(3) 教师让学生读第三、四自然段并且回答问题。

T: What did Li Qiang experience outside the capsule?

S: A lack of fresh air, hovering carriage and strang-looking houses.

T: What did he think of a lack of air?

S: He found it was thin and difficult to tolerate.

T: How did he feel about the hovering carriages in AD 3008?

S: Challenge and exciting.

T: What about the room in AD 3008?

S: Magical and advanced.

教师在学生回答完一系列问题后，再让学生以思维导图形式梳理李强到未来世界后的所见所闻（如图 13-2 所示）。

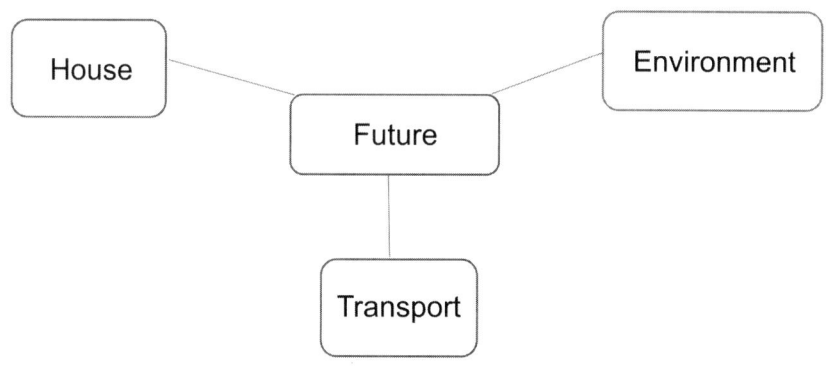

图 13-2　思维导图

活动 3 的设计意图，是教师通过一系列展示型问题帮助学生对文本信息进行梳理，让学生梳理李强在旅行所看见的未来世界的信息。针对文章中李强出发前的描述，引导学生关注李强对自己行为的描述，推断他的内心世界，再到挖掘李强出发前心情紧张的深层理由，从展示型问题过渡到参阅型问题，思维层层递进。针对出发后的文本描述，教师则直接用展示型问题引导学生关注千年后世界的变化，再让学生根据自己的理解绘制思维导图，梳理文本知识。这样的做法是根据《课标》英语学习策略中的教学建议：利用笔记、图表、思维导图等收集、整理信息。

由于这个班级学生能力参差不齐，为了避免一些能力薄弱的学生课堂参与度过低，教师安排学生小组合作，并且在"What did Li Qiang do?"这个展示型问题上为学生提供一些提示，引导学生在文中找到李强在时光穿越之旅前的行为，进而过渡到评估型问题"What did he feel?"

5. 活动5：升华文本

在以上基于文本的展示型问题过后，学生已经对李强所到的千年后世界有了一定的理解，教师提出问题"What are the good changes and Bad changes in the world AD3008?"同时，教师让学生再次进行小组合作，结合文本内容，填写表13-3。

表13-3 穿越时光之旅的好坏改变

Items	Good changes	Bad Changes
Time travel		
Transport		
Houses		
Towns		
Air quality		

在小组完成表13-3后，教师随机抽取个别小组的成果进行展示，并且提出问题"What can we do now to avoid the bag changes of the future life?"

活动3的设计意图，是紧扣《课标》对语言技能内容要求，将语篇的内容与自身的经历联系起来。这一环节属于阅读问题中的评估型问题，教师通过表格帮助学生寻找答案，是真正的深层阅读，是学生在学习文本知识后，通过知识积累和自身原有的知识储备相结合，对如何让人类将来有一个更好的生活环境产生深度思考，对现行人类行为对环境的影响进行反思的教学环节。这个步骤的加入让整节阅读课的主题得到进一步升华。

五、教学反思

对照《课标》，本堂阅读课完成了以下两点。

（1）在解决问题的过程中，运用语言技能获取、梳理、整合语言知识和文化知识，深化对语言的理解。教师通过展示型问题的提出，引导学生获取文本的基本信息，通过图表进行信息梳理后，让学生对语篇的主题内容得到积累，再提出参阅型问题和评估型问题，促进学生对文本的深层阅读理解。

（2）比较和探究文化内涵，尝试运用所学语言创造性地表达个人观点和态度。在阅读教学课读后环节中，教师设置问题应该基于文本又高于文本，是对文本知识的拓展和运用，通过课堂中教学所涉及的内容结合学生本身的认知，对显示生活中学生所碰到的问题思考，从而形成积极的价值观，体现英语在新时代的育人作用。

同时，在设计本次阅读课活动中，笔者对处理文本时如何调配三种问题促使学生形成批判性思维的深度阅读教学有以下三点反思。

（1）教师在课前要对教学文本进行深度解读，把握文本的内容主题、结构特征、语言特点、作者观点等。深度解读有利于教师明确教学目标，为高效的阅读课设计打下基础。

（2）展示型问题、参阅型问题及评估型问题都必须是围绕文章主题，不能脱离本节课的核心主线。教师在课程设计之初就要明确本课的主题和任务，课堂上的展示型问题必须要为接下来的参阅型问题和评估型问题打好信息梳理的基础，也就是为文本的深层阅读，学生产生批判性思维做好知识积累的准备。

（3）课堂上问题的提出必须有递进性，无论是参阅型问题还是评估型问题都要放置在展示型问题之后，让学生充分地积累知识。只有符合学生的认知规律的教学设计，才能收获好的教学成果。

六、结束语

在高中英语阅读教学中，教师要摆脱传统的教学模式。阅读授课不再只是对文本的客观阐释与复述，只关注文本中的词汇、语法，而是关注文本的文本特征、表达感情、隐含信息等。授课老师还应深入研读文本，在课堂设计中展示型、参阅型和评估型问题，比例要适中、层层递进，从而达到在有限的课时内高效引导学生与作者做无声的交流的目标。而这些有助于引导学生挖掘英语阅读深度、拓展阅读宽度，这是能否成功培养学生进行批判性思维和深度阅读的关键。

第十四章 支架理论下的高中阅读教学活动设计

——以人教版高中《英语必修3》（2019版）Unit 3 Diverse Cultures 的主题课文为例[*]

一、问题的提出

支架式教学模式由布鲁姆于20世纪70年代提出，因其以学生主体，教师辅助的特征，以及在帮助学生降低阅读障碍和助力学习目标达成方面的有效性，被广泛应用在我国高中英语阅读教学中。近几年的支架式理论在教学中的应用研究方向主要集中在：支架教学的应用[①]、支架搭建的类型与模式[②]、支架的分类[③④⑤]、支架与课堂活动的有效性[⑥]、支架模式在读写方面

---

[*] 本章由湛江市北大附属实验学校陈丹执笔。

[①] 陈雪，马丹． "支架式"教学模式在英语阅读中的应用研究［J］．现代交际，2018（6）：13-14．

[②] 赵南，徐利新．对教师支架类型体系的理论探索［J］．学前教育研究，2005（7）：23-25．

[③] 叶文红．浅谈"支架式教学"在高中英语作文课堂教学中的运用［J］．新课程学习（学术教育），2010（7）：7-8．

[④] 王笃勤．教学设计中如何搭建支架［J］．英语教师，2009，（2）：7-10．

[⑤] 曹建明．高中英语"支架式"课堂教学模式的实践研究［J］．中学生英语：教师版，2010（9）：1-5．

[⑥] 刘艳．支架理论框架下提高课堂活动有效性的行动研究［J］．郑州航空工业管理学院学报（社会科学版），2017，36（1）：131-135．

的应用①和支架理论与二语习得②等方面。本章从支架理论下，阅读活动设计的具体分类出发，以人教版高中《英语必修3》（2019 版）*Unit 3 Diverse Cultures* 的主题课文为内容载体，结合阅读课堂活动设计，实践支架理论在新教材阅读设计活动中的类型和探讨实施策略。

二、支架式活动设计的概念、特征和分类

支架理论源于维果斯基的最近发展区理论，布鲁姆将这一心理学理论与教学结合，提出支架式教学概念。支架理论有两个特征。

（1）把关注的重点从以教师为中心，转变成以学生为主体，教师的作用变成了支架搭建者。通过各种支架引导学生在老师或同伴的帮助下，发展自己的学习能力和策略，达到缩小自己自身水平和目标水平的差距，提升自身能力的目标。

（2）支架式教学模式由搭建支架、进入情境、独立探索、协作学习和效果评价五个环节组成。支架的类型有很多，本章采用的是李响和刘建顺在他们的文中总结的英语阅读教学中常用的支架类型，共分为以下 8 类：①问题支架；②建议支架；③图片支架；④教具支架；⑤情景支架；⑥情感支架；⑦策略支架；⑧评价支架③。在阅读活动设计过程中，针对不同的目标和任务，采用不同的支架，完成教学目标。

根据以前的理论，本章中的支架式阅读课堂活动设计，特指使用各种手段，通过搭建不同的支架，让学生在阅读课上，能通过发挥主观能动性和同侪的助力，消除障碍，达到设定的目标。在本章中，不局限于把一堂课设计成支架教学完整的五个步骤（搭建支架—建立情境—独立探索—合作学习—探索评价），而是把搭建支架作为一种帮助达成目标的方法和手段去进行活动设计，在各个环节去搭建梯子，让学生达到每个环节设定的目标。

---

① 张星虹. 支架理论在高中英语读写教学中的应用［J］. 基础外语教育，2019，21（2）：85-90.

② 郎潇宇. 支架理论在国内二语习得领域研究回顾［J］. 中国多媒体与网络教学学报（电子版），2019（7）：224-225.

③ 李响，芦建顺. 核心素养理念下英语阅读教学中的"支架"模式［J］. 河北北方学院学报（社会科学版），2019，35（3）：111-116.

三、本章所涉及的其他相关理论

1. 英语活动观

在《普通高中英语课程标准（2017年版）》中，关于英语学习活动观的定义是："英语学习活动观是指学生在主题意义的引领下，通过学习理解、应用实践、迁移创新等一系列体现综合性、关联性和实践性等特点的英语活动，使学生基于已有的知识，依托不同类型的语篇，在分析问题和解决问题的过程中，促进自身语言知识学习、语言技能发展、文化内涵理解、多元思维发展、价值取向判断和学习策略运用。"① 本章在活动设计时，以支架理论为基本框架，依据新课标对学习活动的分类，根据学习理解类（引起感知与注意、获取与梳理、概括与整合）、应用理解类、迁移创新类等三个维度对活动进行设计。

2. 布鲁姆提问框架

布鲁姆提问框架由美国当代著名心理学家和教育家本杰明·布鲁姆以"人的认知过程从简单到复杂、由具体到抽象"这一规律作为理论依据，与1956年提出教育目标分类学理论。② 共分为六个层次：知识（knowledge）、理解（comprehension）、应用（application）、分析（analysis）、综合（synthesis）和评价（evaluation）。本章采用后继发展而来的布鲁姆提问框架，把问题分为七个层面：knowledge、comprehension、application、analysis、synthesis、evaluation 和 creativity。在设计支架活动时，需要对作为支架的问题进行分类和挑选，合理运用从低阶到高阶不同思维层面的问题，掌握好维度和难度。

四、支架活动下阅读课堂活动设计课例

（一）*Diverse Cultures* 主题阅读教学设计

（1）主题语境：人与社会——多元文化。

---

① 教育部. 普通高中英语课程标准：2017年版［M］. 北京：人民教育出版社，2018.

② 梅学芳. 基于布鲁姆提问框架的批判性阅读［J］. 湖北第二师范学院学报，2018，35（11）：99 - 103.

(2) 语篇类型：旅游日志。
(3) 教材：人教版高中《英语必修3》（2019版）。
(4) 课题：Unit 3 Diverse Cultures 的主题阅读。
(5) 授课时长：2课时（每课时40分钟）。

（二）文本分析

本课属于 Diverse Cultures 单元的 Reading and Thinking 板块，此前学生已经通过 Listening and Speaking 板块积累了与唐人街和美国食物多元文化相关的词汇和背景知识。在人教版高中《英语必修1》（2019版）的 Unit 2 Travel around 中，也养成了通过看地图和图片去描述相关国家特点和文化的习惯，以及完成一定的词汇积累。本课的课文是一篇关于美国圣弗朗西斯科（San Francisco）多元文化的旅游日志，为随后的 Listening and Talking 板块，描述中国少数民族文化部分，以及 Reading for Writing 板块，阅读一篇关于圣弗朗西斯科中国城的文章，起到相关知识储备和提供相关背景的作用。

在体裁方面，本文属于旅游日记，由日期、主题内容和图片三部分组成。

在内容方面，第一自然段开头表明这是旅行当中的一个目的地，也是作者由别的地方回到圣弗朗西斯科的第一天，并描述了作者对圣弗朗西斯科的整体印象和城市的基本面貌；第二自然段描述了作者住宿酒店附近街区的特点；第三自然段提到下午的博物馆之旅；最后一个自然段，用一句话结束今天的行程，表达了对明天行程的期待。对行程的描述，都突出了多元文化这个主题，包括旧建筑、涂鸦墙、移民、淘金热、中国城以及异国风味的餐馆和食物。同时，还阐述了多元文化产生的原因，是由居民的差异性和不同的自然或历史事件造成的。

在语言表达方面，本文使用了丰富的动词、形容词以及多样的句式和结构，如定语从、状语从句、宾语从句、感叹句、"there be"句型；非谓语动词结构、介词短语等。文中出现了两次破折号的使用，通过这些手段，使表达和描写更自然、生动。文章采用了时间发展的顺序，第一自然段和第二自然段并没有出现明显的时间结构词，采用的是自然过渡，从居住周边说起的方式。从第三自然段开始才有明确的时间线索词，如第三自然段的"in the afternoon"、第四自然段的"this evening"和第五自然段的"tomorrow"。

（三）学情分析

本课例面对的学生，对本课之前课文词汇的掌握程度达到80%。在每单元开始前都会完成预习任务，掌握到60%~70%的词汇，性格整体偏外向，学习态度认真，对老师课堂的安排配合度和完成度较高，每个学生分组都由不同层次的学生组成。他们在阅读文章时，对跳读和略读获取信息的能力较强，但对梳理整合信息的能力和对语篇深度解读的能力较弱，也对背后的人文历史关注度不高。学生用英语表达观点的欲望强烈，但欠流畅，相关表达也较少。

在相关知识储备方面，通过高中一年级课文相关信息的补充，学生已经对美国的一些基本情况和金门大桥等都有了一定的了解。在本单元的听说板块，也对美国的食物有所涉略，通过本单元语音训练环节的文本，了解了美国土著居民的部分历史，但是对圣弗朗西斯科直接相关的了解不多。

（四）教学目标

在本课学习结束时，学生能够达成一下目标。
（1）获取、梳理文中有关 Li Lan 的旅行日志的事实性信息。
（2）了解、归纳、总结旅行日志的篇章衔接特点。
（3）理解语篇多元文化产生的原因和带来的影响。
（4）模仿旅行日志的语篇特点，以多元文化为主题语境，创作一篇内容为"我的多元文化之旅"的旅行日志。

（五）教学重难点

（1）理性理解文中语篇衔接的特点和应用，文化历史现象专有名词的解读。
（2）旅行日志的结构和语言特点。
（3）在读后环节的班级讨论活动中，对多元文化背后的人文历史原因的阐述，以及通过多元文化对一个城市产生的积极和消极影响的正反梳理，树立客观看待问题和事物的观念，深化对自己身边的多元文化现象的理解。

（六）教学资源

教材、多媒体课件、学案、黑板和粉笔。

(七) 教学过程①

1. Part 1：Pre – reading

Step 1：Enjoy a video clip（看视频和背景导入，5 分钟，IW 和 CW）。

T shows Ss a one-minute video clip about the top 10 tourist attractions of San Francisco.

Q1：What tourist attractions are mentioned about San Francisco in the video? (CW)

Q2：What kind of city is it? (Describe the city with the words in bold.) (IW)

Vocabulary and structure：

Top Tourists Attractions in San Francisco are：Golden Gate Bridge, Alcatraz Island, Golden Gate Park, Palace of Fine Arts, Architectural Heritage, De Young Museum, Fisherman's Wharf, Cable Cars and so on.

San Francisco is a _____ (coastal, artistic, modern, …) city with ____ (a long coastline/a splendid sea view/ some skyscrapers/plenty tourist attractions).

步骤一的设计意图包含两个方面：①很多学生在课前对圣弗朗西斯科这个城市没有什么概念，在导入活动中，利用视频片段作为支架，通过直观形象的景点，引起学生的注意和兴趣，给学生输入与阅读文章相关的城市背景信息，在学生脑中构建圣弗朗西斯科的初步印象；②问题支架：第一个问题的设置属于只是（knowledge）的范畴，让学生在观看时可以关注这个城市的美景，并学到相关英文表达，第二个问题属于理解（comprehension）类别，要对前面景点反映的城市特点进行内化，通过提供的词汇，对这个城市做出自己的描述。

通过步骤一这个导入活动，学生可以借助教师提供的背景、视频片段和相关词汇，对一个陌生的城市产生第一印象。

Step 2：Speaking（描述图片、阅读文主题导入及文化铺垫，10 minutes，IW 和 GW）。

T：To get to know more about the city, let's do a group-sharing and finish the following tasks.

Task 1：Describe the photo.

---

① 这部分中，IW 为 Individual Work 的缩写、GW 为 Group Work 的缩写、CW 为 Class Work 的缩写、T 为 Teacher 的缩写、Ss 为 Students 的缩写。

Task 2: Introduce your photo to the group members.
Task 3: Listen to the group members and take notes.
Task 4: Describe the city with the help of the info card.

What I know about San Francisco	
1. _____	Photo
2. _____	
3. _____	
4. _____	Description
5. _____	
6. _____	

(1) Show Photo 1 – A photo of San Francisco.

San Francisco is known for several landmarks, including the Golden Gate Bridge, cable cars, and its Chinatown district. The city is also the headquarters of many companies such as Twitter and Uber.

(2) Show Photo 2 – A photo of the earthquake in 1906 in San Francisco.

San Francisco is a big city which lies in the west of the United States very near the Pacific, where two earths plates often meet and jump. So earthquake is a usual word to hear there. It is recorded that at least two big earthquakes have happened in San Francisco since the beginning of the 20th century. One happened in 1906, the other in 1989.

(3) Show Photo 3 – A photo of the Golden Bridge.

San Francisco is a spectacular city. It is famous for its steep hills, its earthquakes and the prison island, but its most famous landmark is the Golden Gate Bridge in northern California. This is one of the most beautiful bridges in the world. It has a simple, graceful shape, and is painted in an attractive orange.

(4) Show Photo 4 – A photo of Union Square.

Union Square is in the city's shopping epicenter, just a stone's throw from the department store west of New York City, and an indoor shopping center with spiral escalators.

(5) Show Photo 5 – A photo of some unique San Francisco foods.

You can go to the Ferry Building Marketplace, tasting locally-produced goodies like Michael Recchiuti chocolate, Cowgirl Creamery cheese, and Blue Bottle Coffee.

(6) Show Photo 6 – A photo of the gold rush.

The gold rush in California began on January 24th, 1848, when gold was discovered by Jams W. Marshall in Coloma, California. On August 19th, 1848, the New York Herald was the first major newspaper on the East Coast to report the discovery of gold. The gold rush brought a flood of workers to California and played an important role in the economy boom of California.

步骤二的设计意图包含两个方面：①利用图片构建支架，通过描述图片的练习和展示，补充与阅读文章主题相关的信息，让学生建立起与主题语境的联系；②通过给出图片描述，在词汇、表达、句型等方面形成的支架，使口语能力不强的学生能根据句型提高自己的表达力。口语能力强的学生能发挥自己的主观能动性，把句子补充得更丰富，减少因为词汇和句式带来的表达障碍。通过图片的描述，在情感上，可以让学生对这个陌生的城市产生熟悉感，了解城市的多元文化，能更好地进入接下来的 Diverse Culture 这个阅读主题。

步骤一和步骤二共同搭建了导入支架，帮助学生做好词汇和背景等准备，进入课文阅读。

2. Part 2 While – Reading（25 分钟）

Step 3：Put the sentences into proper order and underline the clue words（段落主题句重组，IW 和 GW）。

将图 14-1 右边 5 个句子按顺序将序号填入左边横线处，并标记线索词。

| Li Lan's Travel Journal
　　　　　　　Wednesday, 21st June

1. _____ clue words：
2. _____ clue words：
3. _____ clue words：
4. _____ clue words：
5. _____ clue words： | ①In the afternoon, I headed to a local museum that showed the historical changes in California.

②My hotel is near downtown, in the Mission District, one of the oldest parts of the city.

③Today was my first day back in San Francisco after camping in the Redwood Forest and visiting the wine country of Napa Valley.

④That's enough for today.

⑤This evening, I went to Chinatown. |

图 14-1　重组段落主题句

步骤三的设计意图，是让学生们先根据自己的理解，把句子排序。然后小组进行讨论，组员阐述自己排列的理由，由小组讨论后得出一个修正确认后的排序，代表整个小组的意见。

通过把每个自然段的中心句重组的练习，让同学们对文章的结构有个整体的了解。通过重组，学生们会明确这篇文章的时间顺序。把提取文章段落主题句这样的策略，融入任务设计中，融入了策略支架。通过任务框的设计，让学生的任务更直观明确。步骤三和下面的步骤四难度递增，更有利于在各个层面活跃学生的思维，让所有学生都有参与感。

Step 4：Put the following sentences in proper order and mark the clue words（文章段落句子重组并划出线索词，GW）。

在确定段落首句的前提下，找出并画出线索词，完成整篇文章句子的排序（见表 14-1）。

表 14-1　文章句子排序

Paragraph 1	Today was my first day back in San Francisco after camping in the Redwood Forest and visiting the wine country of Napa Valley. _____
	Clue words：Today—back in San Francisco—to be back in the city again—what a city—There are… —views of the city
Paragraph 2	My hotel is near downtown, in the Mission District, one of the oldest parts of the city. _____ _____ …
	Clue words：in the Mission District—people living here…from Mexican—This district, a center for art, music, and food—an art movement—It's quite modern—Mexican - Chinese noodles—mix of cultures here
Paragraph 3	In the afternoon, I headed to a local museum that showed the historical changes in California. _____ _____ …
	Clue words：In the afternoon—a local museum—historical changes—California, in 1848—In the same year, a gold rush— seek their fortune—some—Many others—The museum, immigrants—immigrants

续上表

Paragraph 4	This evening, I went to Chinatown. ――――――― ――――――― …
	Clue words：There were…cafes and restaurants—a Cantonese restaurant—great food
Paragraph 5	That's enough for today. ――――――― ――――――― …
	Clue words：enough for today—Tomorrow evening

步骤四的设计意图，是需要排序的句子会分到小组的每一位成员手中，每位成员需要根据句与句之间的逻辑，完成自己手中的句子的排列。组长在此步骤中起到组织者的作用，每一段的中心句后，组织组员们踊跃发表自己是否用自己拿到的句子接上，阐述理由，每一句的顺序由组员讨论并最后决定。

通过让学生分组对文章散落的句子进行排序，锻炼了他们找到句与句之间逻辑联系的能力。在小组进行此活动时，不同层次的学生间可以相互交流，互相聆听并分享并改进，最终达成组内共识。通过互助，可以拉平组员之间的理解能力差距，通过拉平效应使同组学生都达到目标能力水平。此活动的支架，是由同组能力较强的组员提供的。

组长和组员的分工合理明确，活动才能有序进行。组员们需要用简单的英语说出自己的线索（clue），为自己的排序提供证据（evidence），小组长用英语进行简单的口令，确保大家可以参与到活动当中。

步骤三已经排列好了主题句，因此这个活动只要根据主题句再找线索词和逻辑关系就可以了，两个步骤都是为了锻炼学生对文章框架的把握而设计的。通过图表的方式，引导学生的思维；通过小组活动，让学生为彼此提供支架支撑。在彼此交流思想和增进交流的同时，也能互助进步，体现支架的帮扶作用。

Step 5：Mark the types of cohesion（标出句与句重组的线索类型，GW）。

线索类型包括：①时间线（timeline）；②词汇复现（recurrence）；③指代关系（pronouns）；④逻辑联系（logic）；⑤其他（others）。

步骤五的设计意图，是通过标记句与句之间的逻辑线索，让学生们可以把重组的策略显像化，把自己当时排列的思路具象化，帮助其进行策略的总结。这道题设计了一个开放性的选择，让学生在关注到本文篇章衔接的最突出手段和特点的同时，也可以有自己对于其他线索和其他衔接类型的思考。前四个选项起到降低总结难度的支架作用，第五选项保留了学生自主思考的空间。

Step 6：Draw a mind map to help retell the passage（画思维图，IW）。

Task 1：Draw a mind map.

Task 2：Retell the passage.

Task 3：Evaluate the retelling（group evaluation plus T's evaluation）.

Checklist 1：Does the speaker speak clearly √ ×, confidently √ × and loudly √ ×？

Checklist 2：Does the content include all the main aspects in the text? √ ×

Checklist 3：Does the speaker try to use a variety of phrases √ × and sentence structures √ ×？

Checklist 4：Does the speaker's retelling give you a good impression overall? √ ×

Checklist 5：Are there any other highlights you found in this retelling? √ × What are they?

Checklist 6：What advice would you like to give the speaker?

步骤六的设计意图，是把学生的注意点从篇章结构转向文章内容。通过前面的活动步骤，学生们在制作思维图的过程中能自然地利用时间线（timeline）和线索词（clue words）帮助梳理重点。通过小组评价的形式，可以增进相互学习，增加向优秀看齐的驱动力，提高自己的能力，直至达标。在教师评价和学生组内评价相结合及比较的过程中，学生们能明确任务评价标准和进步方向。

Step 7：Discover the diverse culture of San Francisco（组内问答活动，GW）。

Find the diverse culture of San Francisco in this travel journal.

Q1：What impressed the writer first about San Francisco?

Q2：What impressed you first about this city when you read this journal?

Q3: Which parts of the city show its diverse culture?

Q4: What examples of ethnic diversity can you find in the journal?

Q5: What result in the cultural diversity?

Q6: What are the benefits and challenges of culture diversity?

Q7: Do you believe that the city will embrace more diverse elements in the future?

Q8: Do you like living in a city with diverse culture? Why or why not?

步骤七的设计意图，是通过上述问题的讨论，让学生们能更好地使用文章的词汇去描述其文化的多样性。通过问题链，学生们可以抓住任务的重点。其中，Q1~Q4 都可以从文章中找到答案，检测了学生对于细节信息的抓取和理解，通过组织语言回答，巩固了语言知识。通过不同水平的学生对 Q6 和 Q7 回答的评价，可以通过侪互助学习，让同学们都有机会填补他们既定能力和目标能力的缺口，发挥同侪互助的支架作用。

3. Part 3: Post-reading（40 分钟）

Step 8: Compare San Francisco to your hometown (IW)。

Discover the diverse culture of your hometown. Find the similarities and differences in aspects and causes of culture diversity（见表 14-2）。

表 14-2 Diverse culture of your hometown

Aspects	Diverse culture in San Francisco (architecture, food and events)	Diverse culture in your hometown (architecture, food and events)
Ancient—Modern Local—Foreign Ethnic groups Benefits—Challenges	(1) 1906 earthquake, before and after (2) the graffiti art and comic art of the Mission District (3) the museum (4) the gold rush (5) Chinatown (6) immigrants (7) Mexican-Chinese noodles, Cantonese restaurant …	

步骤八的设计意图，是让学生自行梳理自己的家乡与圣弗朗西斯科在多

元文化方面的相似点，既能让学生更了解自己家乡的历史文化，增进对家乡的情感，也能在比对当中，增进对国外的城市的熟悉，用平和开放的眼光看世界。教师提供的图表，能帮助学生明确自己比对的内容和任务，起到了框架引导作用，在这个"脚手架"的帮助下，学生能更有效率完成任务。

Step 9：Share your idea in a group（GW、IW）。

Task 1：Pick the best member to do a presentation.

Task 2：Evaluate the group performance（Class evaluation plus T's evaluation）.

Task 3：Collect the vocabulary and sentence structures you believe are useful in describing the culture diversity of a city.

Checklist 1：Does the speaker speak clearly √ ×, confidently √ × and loudly √ ×?

Checklist 2：Does the content include all the aspects in the chart? √ ×

Checklist 3：Does it have a clear structure（greeting √ ×, introduction √ ×, body √ ×, ending √ ×）?

Checklist 4：Does the speaker include some vocabulary in the text? √ ×

Checklist 5：Does the speaker try to use a variety of phrases √ × and sentence structures √ ×?

Checklist 6：Does the speaker's presentation give you a good impression overall? √ ×

Checklist 7：Are there any other highlights you found in this presentation √ ×? What are they?

步骤九的设计意图，是让每组的代表进行展示。大家可以听到不同的学生对同一个地方的文化多样性的描述，这使学生间的语言表达和内容有了比较，也可以听到学生对不同的地方的描述。在一定程度上拓展了话题的广度，让学生可以使用和拓展话题相关词汇和表达。这些信息都是通过同伴来进行补充的，教师在当中起的作用只是课前的任务布置。在小组分组、任务落实以及课堂上对此活动的组织和主持等方面，真正展示、锻炼和使用语言的，还是学生，主要体现学生主体。在评价环节，教师以清单（checklist）为支架，使学生评价易于操作。这个评价表中设计了一个亮点加分项的评价维度，这给学生们的批判性思维留下空间。用问题支架，促使学生思考。

Step 9：Discuss these questions in groups（GW）。

Use as many expressions as your group collected. Pay attention to the features of a travel journal and try to apply them to your description.

Q1：Have you been to other places that have a diverse culture? Which place impressed you most?

Describe a trip to a city with diverse culture. You should talk about：Where you've been? What you experienced? What are the reasons for the diversity? What are the benefits and challenges of its culture diversity?

学生们在前面的步骤中，阅读了关于多元文化城市圣弗朗西斯科的文章，接触了话题相关的语言表达。步骤十的设计意图，是通过展示自己家乡多元文化的讨论和演讲，以游记的形式这个话题上表达自己，巩固了前面活动效果，也使同学们能有意识地将从课文中提炼出的框架和语言特点进行综合运用。前面的步骤都可以看作此活动的"支架"。

Preparation before class.

Please prepare the diverse culture of your hometown and another city you visited.

Prepare list 1：Some photos showing the places, buildings, people you'd like to talk about.

Prepare list 2：Vocabulary and sentence structures that might help.

Prepare list 3：Other information you need in the description.

课前准备活动的设计意图，是确保课堂活动中同学们的表现的丰富性和有效性，给课堂活动提供了有效的语言表达以及内容。同时，也确保了同组支架效应的效果，是这个活动成败的关键。

4. Part 4：Reflecting（反思，5分钟，IW）

Step 11：You can reflect like below.

Reflect Q1：Which part of this class did you find the most interesting? Why?

Reflect Q2：What new vocabulary and structures did you learn in this unit? Did you use any of them in your language activities? How well could you use them?

Reflect Q3：What kind of cohesion did you learn from the text?

Reflect Q4：What new aspect of your hometown did you notice after all the activities?

Reflect Q5：Did you fall in love with other cities you heard about in this class? Why?

Reflect Q6：What problems did you or your friends have in this class? How did you solve the problems? What advice did you give each other?

步骤十一的设计意图，是通过反思，让学生自省这两个课时的目标是否达成，也可以促成学生反思自身学习策略，学习效果等问题。问题链的使用为反思的重点提供了导向，起到了很好的脚手架作用。问题的组成考虑了不同思维层面，问题6旨在引导学生思考问题，以及启发他们自行解决问题和互助解决问题。

5. Part 5 Homework（课后写作任务，IW）

Step 12：Write a travel journal about the diverse culture of a city you've been to（150~200 words）.

Describe a city with diverse culture which you've been to. Try to use as many vocabulary and sentence patterns you learnt as possible.

You should write about：What the city is? When you went there? What culture diversity you saw or experienced? What caused the diversity? What advantages and disadvantages its culture diversity brought?

步骤十二的课后作业设计了写作任务，设计意图是对前面所学内容的一个综合巩固。游记的特点、词汇、结构和语篇衔接，都能在这个写作任务中体现。

五、支架式阅读课活动设计的策略建议

对于阅读教学的各个维度，都可以通过在学习内容、策略、背景和情感等方面，采取丰富的方式，给学生提供支架，降低学生在完成各项任务时的焦虑。让学生通过利用各种支架，缩小自己的能力与目标能力的差距，并通过重复巩固的方式，使目标能力巩固下来。通过搭建支架，可以起到一步一步引导，一砖一瓦往上垒的作用。

本章的课例设计，共设计了十二个活动步骤，活动步骤一和活动步骤二，利用了视频和图片等作为支架，构建了导入部分。在读中环节，活动步骤三和活动步骤四关注的，是文章的框架和语篇衔接。利用图表的设计，和同伴之间的互助，辅以教师的帮助和在过程中的关注和积极评价，达到培养和提高学生能力的目标。活动步骤五关注的，是语篇衔接类型的总结。活动设计由浅到深，具有鲜明的层次，把策略融入任务中去，为学生搭建了策略支架。活动步骤六通过让学生自主绘制思维导图、合作探讨、互相评价和复述的方式，不仅巩固了篇章结构和衔接，更使语言知识得到了运用。活动步骤七至活动步骤十，通过综合使用问题、图片和情景等因素，给学生构建不

同的脚手架。让学生从圣弗朗西斯科的多元文化特点出发，通过对比的方式，进而联想到自己故乡的多元文化和一些他们去过的多元文化城市。通过组内分享和演讲，让学生对这方面的知识广度和语言的运用在互相学习中得到了提升。通过各种支架引导，学生在老师和同伴的帮助下，发展自己的学习能力和策略，缩小了自身水平和目标水平的差距，提升了自身能力。最后设置的反思环节，是对学习目标达成的清单。同时，也让学生进行自评和同侪互助，共同进步。读后的写作任务，是对前面的学习成果起到巩固的作用。总的来说，在支架理论下的阅读课设计策略，需要抓住以下几个重点。

（1）突出"提供帮助和支持"这个主线。这种帮助和支撑可以来自同伴、教师，也可以来自教学设计的每个环节；可以是不同层次和内容，也可以有多种类、多用途和多角度。

（2）突出学生的主体作用。

（3）实践课堂活动观，让学生真正动起来。

（4）融入对学生思维品质和人生观的影响和培养。

每一个活动的设计，都可以有一个"准备—展示—评价—改进"的暗线，让学生随时都能感受到支撑和辅助，稳步向前，发展目标能力。具体来说，在读前活动，可以提供图片、音视频文件，利用多模态手段，让学生对阅读主题产生兴趣。通过提供词汇和句子结构模板建议的形式，可以让学生"现学现卖"，并在后面的活动中加以巩固。在小组活动过程当中，能力强的组员和同伴的展示，也能给其他成员提供词汇和句式等语言表达的借鉴。从老师的评价反馈当中，学生们可以完善自己的表现，达到目标能力要求。在读中活动设计方面，根据目标，通过图表、策略引导和互评互助等方式，根据具体阅读任务的改变，变换不同的支架模式。在读后活动中，可以联系学生的生活实际，在情境和情感、深入思考、批判性思维以及解决问题能力等方面，运用不同的辅助手段，引入合适的支架手段，帮助学生提升能力，达成目标。

六、结语

阅读活动的设计种类繁多，本章通过课例的分析，展示了支架理论在帮助学生缩小与目标能力差距，最终达到目标能力方面的应用。在活动设计中，给学生提供各类辅助的设计如果能贯穿整个课堂，就能使学生循序向着目标能力迈进。"支架"，在阅读课堂设计中的帮扶作用毋庸置疑，如果能灵活地运用到课堂当中，那学生的阅读障碍就会变小，也能更好地贯彻新课标对学生能力培养的要求。

第十五章 "立德树人"背景下的新教材高中英语阅读教学

——以人教版高中《英语必修1》(2019版) Unit 4 Natural Disasters 的主题课文 The Night the Earth Didn't Sleep 为例*

一、引言

"立德树人"是新时代教师在课堂教学中的要落实完成的教育任务,它的提出和2019年人教版新教材的实施给一线的高中英语教师带来新的教学目标,也给英语教师带来前所未有的教学思考改革。教师既要思考在教学中如何贯彻新课标的要求,也要摸透新教材知识点的分布。同时,还要遵循党的指导方针和教育策略,响应"立德树人"作为教育根本任务的要求。教师在有效地开展课堂活动,完成课堂教学任务的同时,如何渗透"立德树人"的教育指导思想,是每一位高中英语教育实践者和研究者思考和探索的重要命题。本章结合上述提出的问题,讨论如何基于"立德树人"设计英语课堂教学活动。

二、"立德树人"在高中英语阅读教学中的重要性

1. 落实教育改革的需要

党的十八大提出,"把立德树人作为教育的根本任务,培养德智体美全面发展的社会主义建设者和接班人"。2018年,习近平总书记在北京大学师生座谈会上的讲话,再次强调学校教育中要落实立德树人的根本任务。同年,习近平总书记在全国教育大会上指出,"要把立德树人融入思想道德教

---

* 本章由湛江市遂溪县第一中学黄诗琪执笔。

育、文化知识教育、社会实践教育各环节，贯穿基础教育、职业教育、高等教育各领域，学科体系、教学体系、教材体系、管理体系要围绕这个目标来设计，教师要围绕这个目标来教，学生要围绕这个目标来学。凡是不利于实现这个目标的做法都要坚决改过来。"① 习近平总书记的这段重要的论述为我国各级学校指明了人才培养的方向。

高中阶段，学校肩负着为大学输送优质生源的任务，是贯彻和深化教育改革的战地。英语是一门国际通用的语言，是在经济全球化发展的趋势下我们与外界进行有效沟通联系的重要载体。高中英语教学除了让学生学习掌握英语这门语言，为学生以后适应社会的发展做好准备外，更重要的是在英语阅读教学中要让学生了解世界的多姿多彩并且在体验语言文化差异的同时形成跨文化意识。英语学科教学的主要目的是让学生提升文化意识，培养家国情怀，增强民族文化自豪感。在英语教学中渗透"立德树人"教学理念，有助于培养学生的爱国意识和社会责任感，落实新课标改革的教育理念和要求。

2. 学生全面发展的需要

教师是人类灵魂的工程师，是人类文明的传承者，承载着传播知识，塑造灵魂、培养社会主义接班人的时代重任。为了满足学生全面发展需求，促进学生身心健康稳定发展，必须培养学生形成正确的世界观、人生观和价值观。因此，在英语阅读教学中进行"立德树人"教育理念的渗透是符合学生发展的趋势和要求。高中生有一定的个人价值观，而这一时期所接受的思想教育会形成他们道德理念的基本框架，为他们以后的个人品格发展和塑造奠定基础、指引方向。高中生接触社会的机会比小学阶段和初中阶段多，但又没有太多的社会经验。因此，容易受到外界不良的影响。高中教师在高中生世界观、人生观和价值观的形成和再塑上发挥着重要的作用。如果教师可以给予他们正确的引导和教育，可以促进他们未来的发展。作为英语教师，阅读教学是日常教学的重要教学板块之一。在高中英语阅读教学中渗透德育，就是为了培养学生明辨是非、认识自我、坚持自身价值的意识和能力，培养德智体美劳全面发展的建设祖国的社会栋梁和身心健康的优质人才。

---

① 习近平在全国教育大会上强调　坚持中国特色社会主义教育发展道路　培养德智体美劳全面发展的社会主义建设者和接班人［EB/OL］.（2018－09－11）［2020－05－05］. http://edu.people.com.cn/nl/2018/0911/c1053－30286253.html.

三、如何在高中英语新教材阅读教学中渗透立德树人理念

高中阶段的学习，必须严把教育教学大关，把"立德树人"教育理念渗透到高中阶段的教学过程中。在高中英语阅读教学中要渗透"立德树人"的理念，关键还是要深入挖掘文本，设计有效的教学活动确保落实和完成立德树人的任务。

和新教材配套的《普通高中教科书英语教师教学用书》中指明了高中英语新教材的编写是以党的十九大报告精神为指导，挖掘学科的育人价值，落实立德树人根本任务，培养具有家国情怀、国际事业和跨文化意识和能力的社会主义建设者和接班人。① 高中英语新教材较于旧教材，其中一个大的变化就在于增加了中华文化的比重，体现了文化自信。新教材的修订，坚持语言学习和文化渗透相结合，培育学生的文化知识和文化意识，增强学生的跨文化交际能力。坚持中外文化的双向交流，适当增加中国文化元素。新教材的每个单元，每个主题都有意识去平衡中外文化的比例，让学生在同一个单元里、同一个主题下学习和比较中外文化不同的文化。例如，人教版高中《英语必修1》（2019版）Unit 2 Traveling Around，从学生用书到练习册都兼顾中外文化的平衡呈现。就学生用书而言，该单元板块的引言选自英国哲学家、政治家培根的作品。单元的主题图展示的事旅途中的父子，与培根的名言相呼应，旅行是对孩子的一种教育，不仅仅是娱乐方式。在 Listening and Speaking 板块，则是介绍了几个世界名胜：法国的埃菲尔铁塔、中国的丽江、德国的新天鹅堡和中国的天山等。

同时，新教材的文化对于为谁培养和培养什么人的问题上，有坚定的文化价值选择和文化立场。新教材的目标是培养学生成为德智体美劳全面发展的能承担复兴中华民族，具有中国情怀，具有跨文化意识和交际能力，有民族自信和文化自信，传承中国文化的社会主义建设者和接班人。

另一方面，新教材的编写，十分重视主题语境的选择和主题意义的探究。每个单元都是围绕这一个大的主题来展开，各个板块的内容都是为大主题服务。通过让学生探究主题的教学活动，让学生在探究主题的过程中落实和完成立德树人的任务。

因此，教师在教学的过程当中要分析阅读文本的语篇的主题意义，基于主题意义的教学中要合理设计一些教学活动进行"立德树人"的渗透。让学

---

① 人民教育出版社教材研发中心. 普通高中教科书英语教师教学用书［M］. 北京：人民教育出版社，2019.

生在充分体验到文章主题思想的同时，引导学生树立正确的人生观、世界观和价值观。全面落实和完成立德树人的教育任务，引导高中生成为德智体美劳全面发展的祖国栋梁。

四、结合"立德树人"的新教材英语阅读教学设计案例

2019 版新教材深入贯彻了 2017 年版新课标提出的英语活动学习观，突出了活动主题。除此之外，教材中针对主题设计的活动更加有逻辑层次，活动的可操作性更强。所有活动的设计均有机地融合了主题语境、语篇类型、语言技能、文化知识和学习策略六个要素。教师要落实立德树人的教育任务，应在深入贯彻主题的基础上，设计有效的教学活动，把德育融入渗透于教学活动中，让学生在获取文化知识和能力的同时，在教学活动中学到做人的道理，培养品德修养，增强民族文化意识，培养建设祖国的责任感，成为未来社会主义建设的接班人。

下面是人教版高中《英语必修 1》（2019 版）Unit 4 Natural Disasters 的主题课文 The Night the Earth Didn't Sleep 的基于"立德树人"的教学活动设计课例。

（一）单元内容分析

本单元的主题是了解自然灾害、积极应对自然灾害、指导防范和减少自然灾害损失的基本措施。本单元探讨的是"人与自然"的主题，指出当人类面临自然灾害的威胁时，应勇敢面对，提高在灾害中逃生和生存的能力。自然灾害无法避免，人类应该树立防灾意识，不断研究和认识自然灾害，从而降低自然灾害对人类的伤害。遭遇灾害后，应该积极乐观面对生活。内容的安排上，先是让学生认识自然灾害的种类，然后介绍近现代历史上国内外发生过的重大自然灾害，再到人类可以采取哪些措施来面对灾害和造成的损失。本单元还体现"灾害无情，人有情"的主题意义。揭露了人类在重大自然灾害面前不屈不挠，勇敢面对灾难，携手共渡难关，坚定信心和重建家园的精神面貌。

（二）阅读文本分析

本课阅读文本属于本单元模块 Reading and Thinking 的内容。阅读文本以"描述自然灾害"为活动主题，要求学生通过阅读文本，了解我国 20 世纪 70 年代发生在唐山的大地震，学习报告文学这种纪实性问题的语言特征，最后用自己的语言描述自然灾害。本文的体裁属于报告文学（Literary Journalism）。报告文学是一种既不属于新闻报道也不属于文学作品的文体。较于虚构的文学作品，报告文学的题材是真实发生的历史事件和人物。不同于普通新闻报道，报告文学生动地描绘了事件发生的环境和人物，并运用多种修辞方法来激发读者的情感。本文就使用了文学作品中常出现的拟人、比喻、递进等修辞方法，让文章有了更多细节，也更有画面感。大量修辞手法的使用，使得文章描写生动和饱含情感。本文还有一个特点，没有常见的中心人物，只是按地震前、中、后的顺序向读者整体描述了唐山大地震这场灾难。文本开篇描述了地震前在河北的某乡村出现的一些异常迹象。在这部分的描述时，作者用了排比的修辞法使得语言生动有趣并富有画面感，营造出一种灾害发生前的紧张氛围。第二自然段开始，文章着力刻画了大地震发生时的山崩地裂，动人心魄的场景，以及地震过后目光所到之处的生灵涂炭、满目疮痍，一切成为废墟的画面。最后两个自然段则描写了灾难过后，灾区幸存者们在国家的关爱下，人民军队的支持下，社会各界的援助下，虽然身处绝境但不放弃希望的生存毅力和重建家园的决心，最终唐山人民在废墟上重建家园。唐山这座被自然灾害损毁的城市重获新生。

（三）阅读教学活动设计

1. Step 1：Before Reading（读前活动）

设计导入活动时，教师先让学生看一段视频片段，展示一座城市在发生地震时的情形。观看视频片段后，让学生回答问题。

Q1：What disaster is the video about?

Q2：Have you ever experienced an earthquake?

步骤一的设计意图，是创设情境来导入主题，激发学生的学习兴趣和激活学生已有的知识和生活经验。通过观看视频片段（电影《2012》中地震时的一个片段），让学生直观感受地震的威力。视频中人们在地震中的恐惧，周围房屋的倒塌，山崩地裂，让学生感受到地震的杀伤力。也为后面的文本阅读做好铺垫，让学生也能对唐山地震时人们的恐惧产生情感的共鸣。

2. Step 2：While-reading（读中）

（1）Skimming（跳读）。教师让学生快速浏览标题和图片，回答问题。
What is the text mainly about?

    A. An earthquake hit Tangshan

B. Strange things of Hebei

C. The night of Tangshan

教师给出两份阅读材料让学生们快速阅读，一份是新闻报道，另一份是传统的文学描写文作品。让学生讨论这些阅读材料属于什么文体，并且让学生认识新课文是属于什么文体。

快速浏览全文，匹配段落大意。然后，根据段落大意把文章分成三个部分（如图 15 - 1 所示）。

Paragraph 1	A. Everything was destroyed and in ruins.
Paragraph 2	B. Warning signs before the earthquake.
Paragraph 3	C. Tangshan revived itself.
Paragraph 4	D. The earthquake happened and caused great damage.
Paragraph 5	E. Help came soon after the quakes.

图 15 - 1 匹配段落大意

这一部分的设计意图，是指导学生通过阅读主题句等方法来确定文章每一段的段落主题。这部分三个环节的设计，都是围绕语篇主题来进行。新课标强调语篇理解，强调主题意义的深入探究。因此，在讲授课文的时候，让学生先整体上分析把握文章的语篇主旨，老师可以提醒学生把握文章主旨的方法。而文章体裁的把握，有利于把握文章的主旨和提升对语篇的整体理解。教师在这个环节引导学生认识报告文学这种文章体裁，并让学生区别报告文学和新闻报道以及传统文学作品的区别。此环节的设计，为了提高学生的语言能力和拓展思维品质以及扩大文学知识面。

（2）Scanning（扫读，Group work）。教师让全体学生以 6 个人为一组，每两个人找一个部分的内容，找完后跟另外两个部分的同学交流信息，把三个部分所有的空格填充完整。

Part 1（Paragraph _____）：Strange things before the earthquake.

· The well：water _____ and _____；deep _____ in the walls；some _____ gas coming out of it.

· Chickens and pigs：too _____ to eat；_____ refused to go inside the buildings；_____ ran out the fields；_____ jumped out of the water.

· Bright _____ in the sky and loud _____ were heard.

Part 2（Paragraph _____）：The great damage caused by the earthquake.

· A huge _____, eight kilometers long and 30 meters wide cut across houses, roads and waterways.

· In less than one minute, a large city lay _____. Two third of the people who lived there were _____ or injured.

· About _____ percent of city's factories and buildings and _____ percent of its homes and _____ of its hospitals were gone.

· Most _____ had fallen or were not safe to cross. The railway tracks were now _____ pieces of metal.

Part 3 Paragraph _____: Rescue work and Tangshan's revival after the earthquake.

· The army sent 150 000 _____ to Tangshan;

· More than 10 000 _____ and nurses came to provide medical care.

· _____ built shelters for survivors.

· Water and _____ were brought into the city.

· Tangshan started to _____ itself.

阅读理解的其中一个重要技能就是对细节信息的获取和理解。这一部分的设计意图，是设计信息点挖空练习，学生通过快速阅读全文，获取相关信息。同时，通过合作学习交流信息，完成练习。地震前的种种迹象，地震中的巨大损失和周围的一切夷为平地的景象，地震后军民一心，众志成城，社会各界的帮助唐山获得重生，学生通过活动对这些描述有了初步的体会和认识。同时，呼应读前活动的头脑风暴。这一部分主要是为了提高学生语言能力、获取和概括信息的能力以及提高学生的自主学习和合作学习的能力。为后面围绕主题进行的立德树人的活动环节做好铺垫。

（3）看图说话。看图复述课文，教师给出三组图片分别展示的地震前地震中地震后课文描述的相关景象，让学生不看课文，直接看图片进行复述课文内容。

Part 1：Strange things before the earthquake（如图 15 - 2 所示）。

（a） （b） （c） （d）

图 15 - 2　Strange things before the earthquake

Part 2：The great damage caused by the earthquake（如图 15 - 3 所示）。

（a）　　　　　（b）　　　　　（c）　　　　　（d）

图 15-3　The great damage caused by the earthquake

Part 3：Rescue work and Tangshan's revival（如图 15-4 所示）。

（a）　　　　　　　（b）　　　　　　　（c）

图 15-4　Rescue work and Tangshan's revival

  这一部分的设计意图，是让学生按照给出的图片，看图复述出地震前、地震中和地震后的相关信息内容。该活动的设计目的主要是为了训练学生整合信息和运用语言进行表达和描述灾害的能力。学生通过图片回忆文章的内容，梳理全文，在活动中锻炼逻辑能力。同时，通过利用图片进行分析和概括并整合信息，并理性表达出来，提升了学生的自主学习能力和思维品质。教师引导学生利用图片，获取、梳理和整合地震前中后的细节信息，建立信息间的关联，了解地震前种种迹象和人们的无动于衷、地震中的山崩地裂，满目疮痍以及地震后社会各界人士的万众一心，共同帮助唐山重新站立起来的信心。通过复述，学生内化语言和知识。图片提供的直观体验，以及学生复述具体信息，有助于学生更深刻领会整个地震的经过和震后人们勇敢面对灾难以及团结一心伟大民族精神和决心。引导学生学习灾难当前要勇敢面对和灾难后要积极重新生活的积极的生活态度，培养学生正确的人生观，体现"立德树人"的教学理念。

  （4）Thinking Activity（思考活动）。

  首先，教师让学生思考：What helped the revival of Tangshan?

  这一部分的设计意图，是主题的揭露。让学生通过思考，头脑风暴唐山地震后这座城市的复活的原因。引导学生认识到，唐山的重生离不开政府的支持、全国人民的帮助、中国人民的团结精神以及面对灾难的勇气。体现了人类虽然无法避免自然灾害，但是在灾害发生后可以坚强面对以及团结一心克服困难获得重生。通过活动让学生树立正确的面对灾难的态度和积极面对挫折，迎难而上的坚强品质。

其次，教师让学生关注书本上第二自然段和第三自然段的数据，并思考这些数据暗示了什么？

这一部分的设计意图，是让学生深层次理解文章的写作特点，充分体验报告文学体裁的文体特征和语言特点，提高学生对语篇的整体理解能力和提高学生的学习能力。报告文学是一种不同于新闻报道，又有别于文学创作的文学体裁。报告文学不但有文学创作的生动具体，也要有新闻报道的真实性。既不同于新闻报道的简明扼要，也不类似于文学创作的虚构。*The Night the Earth Didn't Sleep* 的这篇课文中使用了大量数据的使用来呈现出这种文体的真实性的特征，例如 "eleven kilometers directly below the city" "more than 150 kilometres away" "nearly one third of" "eight kilometers long and 30 meters wide" "two thirds of the people" "thousands of children" "more than 400,000" "75 percent" "90 percent" "150,000 soldiers" "more than 10,000 doctors and nurses" 等。这些数据，不但突出和体现了报告文学的纪实性特色，还增强了事件的真实感，更用数字让读者直接体会到地震的杀伤力和对当地造成的巨大损害。而第4自然段各方支援唐山重建的数据，真实反映了中华民族在灾难面前，众志成城和万众一心的精神。课文里还是用了与时间有关的数字，例如 "at about 3:00 a.m." "less than one minute" "at 3:42 a.m." 等，具体地描述了地震发生的时间和过程，并把地震发生时的步步紧逼，人们遇到灾难，生命受到威胁，而又无法避免时的紧张氛围烘托出来。通过让学生注意数据，进一步加深对报告文学体裁写作特点的认识，并让学生感受灾区人民在地震来临生命受到的威胁和面对死亡的紧张，产生情感上的共鸣，让学生从而对受灾人民产生同情心，培养学生成为善良博爱，有家国情怀，有社会责任感的人，落实"立德树人"的教学理念。

最后，是讨论活动。教师引导学生留意标题用了什么修辞手法，和同桌讨论文中有哪些句子用了修辞手法。同时，用文中的两种修辞手法来造句后和同桌分享此讨论活动的目的，是为了引导学生关注文章的语言特色。这一部分的设计意图，是为了提高学生的文学鉴赏能力、语言能力和学习能力。作为一篇报告文学，文章用了大量的修辞手法，如排比、比喻、拟人等语言特色。通过分析用了修辞手法的句子，让学生充分理解各种修辞手法的使用以及作用效果，提高学生的文学修养和文学鉴赏能力。同时，综合提高英语学科核心素养，如语言能力、学习能力等。此外，学生通过讨论活动后，学会欣赏修辞手法，激发学生的想象力和兴趣，让学生体会到语言的魅力和趣味性，内因化学习动机，提升英语学习的兴趣和积极性。

3. Step 3: Post-reading（读后，看视频和做活动）

教师先让学生观看电影《唐山大地震》的片段，该片段是震后难民们刚刚经历了灾难后的场景，看完电影片段后做以下活动并完成表15-1。

If an earthquake had happened in Guangxi yesterday. Thousands of people had been killed or injured. What would you do to help the people suffering from the earthquake? Ask three of your classmates and then write down their answers on the paper.

表15-1 How to suffer from the earthquake

Name（姓名）	What to do（做什么）

完成后，再把他们的答案合成一个报告，可以这样开头。

To help the people in Guangxi who suffered the earthquake, my classmate Xiaoming will…

步骤三的设计意图，是提升学生的语言能力，呼应"立德树人"的教学指导思想。本活动先让学生观看了地震后的满目疮痍和人民流离失所，家破人亡的惨状的电影视频，引起学生对地震后的灾区人民的同情心。培养学生关爱他人、有同情心、有爱心的情感，把"立德树人"的教学任务贯彻到这种活动中，塑造学生的善良博爱的高尚情操，并引导学生思考震后如何尽己所能去帮助灾民们。同时，升华活动主题，让学生提升思维品质，充分发挥想象力和结合生活经验，领悟民族团结互助的精神，培养学生的家国情怀、社会责任感和善良的品格，让"立德树人"在教学中得到充分的体现。

五、结语

本章结合课例探讨了"立德树人"在教学中的重要性，以及如何在设计英语课堂教学活动实现"立德树人"的教育任务。教学活动的设计除了满足英语核心素养的要求，还要体现主题语境。主题的强调更多是塑造学生的品格，是学生成为有"德"的身心健康的社会主义建设接班人，体现"立德树人"的教育指导思想。高中英语教师在讲授阅读理解的文本时，更多的应该思考，在教学活动的设计中，如何才可以让学生提升个人品德修养、社会责任感、民族自尊心和传承中华民族的传统文化等。新教材的教学活动模块多，但每个教学活动的展开，应该依据语篇的主题意义，体现"立德树人"的教育任务。教师应当在研读语篇的基础上，进行多层次、多角度分析，然后根据语篇所传递的意义、文体风格、语言特点和价值取向设计合理的教学活动。除了帮助学生深刻理解语篇，把语言学习和意义探究融为一体，实现深度学习外。更重要的，是让学生学有所悟，让学生在学习的过程中塑造高尚的情操，良好的品德修养，丰富的文化内涵，较强的社会责任感和、族自豪感和民族精神，把"立德树人"作为教育的根本任务贯彻到高中英语阅读教学之中。

参考文献

一、图书

[1] 埃利斯. 第二语言习得概论 [M]. 牛毓梅, 译. 北京: 人民教育出版社, 2015.

[2] 安德森, 等. 布鲁姆教育目标分类学: 分类学视野下的学与教及其测评: 完整版 [M]. 蒋小平, 等译. 北京: 外语教学与研究出版社, 2009.

[3] 安德森. 认知心理学及其启示 [M]. 秦裕林, 程瑶, 周海燕, 等译. 北京: 人民邮电出版社, 2012.

[4] 葛炳芳. 英语阅读教学的综合视野: 内容、思想和语言 [M]. 杭州: 浙江大学出版社, 2013.

[5] 贵丽萍, 黄建英, 周勇, 等. 英语阅读教学中的思维活动: 批判性阅读视角 [M]. 杭州: 浙江大学出版社, 2018.

[6] 教育部. 普通高中英语课程标准: 2017 年版 [M]. 北京: 人民教育出版社, 2018.

[7] 教育部. 普通高中英语课程标准: 2017 年版 2020 年修订 [M]. 北京: 人民教育出版社, 2020.

[8] 教育部. 普通高中英语课程标准: 实验 [M]. 北京: 人民教育出版社, 2003.

[9] 梁美珍, 黄海丽, 於晨, 等. 英语阅读教学中的问题设计: 批判性阅读视角 [M]. 浙江: 浙江大学出版社, 2014.

[10] 吕寅梅. 高中英语阅读教学研究与实践 [M]. 北京: 光明日报出版社, 2019.

[11] 梅德明, 王蔷. 改什么? 如何教? 怎样考?: 高中英语新课标解析 [M]. 北京: 外语教学与研究出版社, 2018.

[12] 梅德明，王蔷. 普通高中英语课程标准（2017年版）解读［M］. 北京：高等教育出版社，2018.

[13] 人民教育出版社教材研发中心. 普通高中教科书英语教师教学用书［M］. 北京：人民教育出版社，2019.

[14] 王蔷，程晓堂，孙晓慧. 英语教材分析与设计（修订版）［M］. 北京：外语教学与研究出版社，2011.

[15] 王蔷. 英语教学法教程（第2版）［M］. 北京：中国石化出版社，2016.

[16] 王秋红，周俊婵，陈璐，等. 英语阅读教学中的语言处理：理解与赏析［M］. 杭州：浙江大学出版社，2015.

[17] 张正东. 外语教育学［M］. 北京：科学出版社，1999.

[18] 赵镜中. 提升阅读力的教与学：赵镜中先生语文教学论集［M］. 台北：万卷楼图书，2012：43.

[19] 浙江省教育厅教研室. 指向学科核心素养的普通高中课堂教学设计案例丛书［M］. 杭州：浙江教育出版社，2019.

[20] KRASHEN S. The input hypothesis：input and implication［M］. London：Longman，1985：87－89.

二、期刊

[1] 曹建明. 高中英语"支架式"课堂教学模式的实践研究［J］. 中学生英语：教师版，2010（9）：1－5.

[2] 曹韵. 多模态教育环境中的多元识读能力培养研究［J］. 外语学刊，2015（4）：134－137.

[3] 车向军. 促进学生思维发展的阅读教学活动设计［J］. 中小学外语教学，2015（8）：38－42.

[4] 陈晗霖. 中学英语阅读教学中思维品质培养的实践探究［J］. 中小学外语教学，2019，8（42）：14－18.

[5] 陈秀云. 文学新闻的含义及特征［J］. 理论界，2006（8）：95－96.

［6］陈雪，马丹． "支架式"教学模式在英语阅读中的应用研究［J］．现代交际，2018（6）：13-14．

［7］陈则航，陈曦，邹敏．高考英语阅读理解题对批判性思维的考查及其启示［J］．中小学外语教学，2020（11）：1-7．

［8］程晓堂．关于英语语法教学问题的思考［J］．课程·教材·教法，2013（4）：62-70．

［9］程晓堂．基于语篇分析的英语教学设计［J］．中小学外语教学（中学篇），2020（10）：9-14．

［10］程晓堂．基于主题意义探究的英语教学理念与实践［J］．中小学外语教学（中学篇），2018（10）：1-7．

［11］杜华，孙艳超．文字云图在英语阅读教学中的应用研究［J］．中国电化教育，2012（8）：115-119．

［12］冯丽娟．基于核心素养培养的英语信息化教学实践探究：以一堂初中英语听说课的教学设计为例［J］．英语教师，2018，18（11）：119-123．

［13］高洪德．英语学习活动观的理念与实践探讨［J］．中小学外语教学（中学篇），2018（4）：1-6．

［14］葛炳芳，洪莉．指向思维品质提升的英语阅读教学研究［J］．课程·教材·教法（中学篇），2018（11）：110-115．

［15］葛炳芳．高中英语阅读教学改进策略的思考［J］．课程·教材·教法，2012（2）：94-98．

［16］顾敏．融入思维导图的高中英语阅读文本解读［J］．教学与管理（中学版），2014（5）：45-47．

［17］何广宁．论高中英语深度阅读教学现状［J］．时代教育，2017（12）：99．

［18］何玲，黎加厚．促进学生深度学习［J］．现代教学，2005（5）：29-30．

［19］黄诚．基于学习活动观的高中英语阅读教学实践［J］．教师，2020（11）：52-53．

［20］黄珊珊．刍议基于英语学习活动观的读写整合教学实践策略［J］．考试周刊，2020（52）：87-88．

［21］季佳燕．英语教学中德育的有效渗透研究［J］．成才之路，2017（20）：11．

［22］贾传安．利用图表的英语语篇策略研究［J］．中小学外语教学，2006（6）：12－15．

［23］赖忠芳．核心素养导向下在小学英语故事教学中渗透德育发展［J］．课程教育研究，2019（1）：93－94．

［24］郎潇宇．支架理论在国内二语习得领域研究回顾［J］．中国多媒体与网络教学学报（电子版），2019（7）：224－225．

［25］李宝荣．基于主题意义开展英语阅读教学的思路与策略［J］．英语学习（教师版），2018（11）：5－7．

［26］李响，芦建顺．核心素养理念下英语阅读教学中的"支架"模式［J］．河北北方学院学报（社会科学版），2019，35（3）：111－116．

［27］刘绿宇．古希腊文学中女性主体地位的演变［J］．南都学坛：人文社会科学报，2008（6）：69．

［28］刘青．基于学生活动观的高中英语阅读课堂活动高效设计［J］．英语画刊（高级版），2020（11）：125－126．

［29］刘琰．高中英语阅读教学中基于活动观的问题设计［J］．中学教学参考，2020（13）：25－26．

［30］刘艳．支架理论框架下提高课堂活动有效性的行动研究［J］．郑州航空工业管理学院学报（社会科学版），2017，36（1）：131－135．

［31］鲁诗嘉．基于英语学习活动观的初中英语报刊阅读教学实践［J］．中小学外语教学（中学篇），2020（10）：36－41．

［32］陆锋．初中英语口语交际练习中的不足与对策［J］．中小学外语教学（中学篇），2019（1）：29－33．

［33］马秀麟，赵国庆，朱艳涛．知识可视化与学习进度可视化在LMS中的技术实现［J］．中国电化教育，2013（1）：121－125．

［34］毛柳英．英语学习活动观指导下的高中英语阅读教学实践和思考：以必修一 Unit5 "Elias's story" 为例［J］．考试周刊，2019（98）：106－107．

[35] 梅学芳. 基于布鲁姆提问框架的批判性阅读 [J]. 湖北第二师范学院学报, 2018, 35 (11): 99 – 103.

[36] 邵慧娟. 基于促进深度学习的中学英语阅读教学路径 [J]. 教师博览 (科研版), 2019 (2): 8 – 11.

[37] 宋洁清. 初中英语深度阅读教学策略探析 [J]. 中小学外语教学 (中学篇), 2020 (10): 9 – 14.

[38] 苏立平. 初中英语阅读教学层次性问题的设计与应用 [J]. 中小学外语教学, 2019, 42 (7): 39 – 43.

[39] 孙迪, 余胜泉. 建构基于学习对象的网络课程教学设计模板 [J]. 开放教育研究, 2005 (2): 71 – 77.

[40] 孙晓慧, 钱小芳, 王蔷, 等. 基于英语学习活动观的高中英语阅读教学设计解析 [J]. 中小学外语教学 (中学), 2019, 42 (4): 44 – 48.

[41] 陈晗霖. 中学英语阅读教学中思维品质培养的实践探究 [J]. 中小学外语教学 (中学), 2019, 42 (8): 14 – 18.

[42] 汪富金, 宋顺生. 基于学习活动观的高中英语阅读教学设计 [J]. 基础外语教育, 2019, 21 (4): 69 – 76.

[43] 王初明. 信息沟与课堂教学中的厌倦情绪 [J]. 现代外语, 1987 (4): 35 – 36.

[44] 王笃勤. 教学设计中如何搭建支架 [J]. 英语教师, 2009, (2): 7 – 10.

[45] 王蔷, 赵连杰, 鲁美芸, 等. "中小学生英语学科能力表现框架" 在英语教学和测评中的应用 [J]. 英语学习, 2018 (2): 17 – 26.

[46] 王蔷. 《普通高中英语课程标准 (2017 年版)》六大变化之解释 [J]. 中国外语教育, 2018 (2): 11 – 19.

[47] 王蔷. 核心素养背景下英语阅读教学: 问题、原则、目标与路径 [J]. 英语学习, 2017 (2): 19 – 23.

[48] 王勇. 从同课异构角度反思高中英语阅读文本的有效解读 [J]. 基础外语教育, 2018 (5): 20 – 26.

[49] 武海琴. 基于英语学科活动观的阅读教学课例 [J]. 教育现代化, 2018, 5 (9): 356 – 357.

［50］夏谷鸣. 英语学科教学与思维品质培养［J］. 英语学习教师版，2017（2）：9-13.

［51］邢文骏. 基于英语学习活动观的高中英语议论文阅读教学［J］. 英语学习（教师版），2020（9）：54-58.

［52］徐时云，肖绍华. 基于英语学习活动观的高中英语阅读教学设计探究：以同课异构阅读教学设计为例［J］. 英语教师，2020，20（3）：96-101.

［53］阳程. 基于高阶思维能力培养的高中英语阅读教学［J］. 教学月刊：中学版，2018（1/2）：40-45.

［54］杨文彬. 基于英语学习活动观的高中英语阅读课例分析［J］. 科学大众（科学教育），2020（1）：12.

［55］杨燕华. 基于英语学习活动观的高中英语阅读教学活动设计研究：以一次同课异构活动为例［J］. 英语教师，2019，19（21）：72-77.

［56］叶文红. 浅谈"支架式教学"在高中英语作文课堂教学中的运用［J］. 新课程学习（学术教育），2010（7）：7-8.

［57］伊慧. 高中英语阅读教学中学生创新性思维能力的培养［J］. 中小学外语教学，2012（2）：1-7.

［58］张静. 高中英语听说教学中引导学生深度学习的研究［J］. 中小学外语教学，2020，43（23）：30-35.

［59］张丽. 试分析可视化教学的合理性及局限性［J］. 山东工业技术，2019（11）：212.

［60］张秋会，王蔷，蒋京丽. 在初中英语阅读教学中落实英语学习活动观的实践［J］. 中小学外语教学（中学篇），2019（1）：1-7.

［61］张秋会，王蔷. 浅析文本解读的五个视角［J］. 中小学外语教学，2016，39（11）：11-16.

［62］张绍军，陈名英. 近十五年我国"深度学习"研究述评［J］. 教育测量与评价，2019（11）：34-40.

［63］张舒予. "视觉文化与媒介素养"课程核心理念与教学设计［J］. 现代远程教育研究，2012（2）：38-43.

［64］张泰刚. 主题意义探究视阈下英语课堂学习活动设计存在的主要问题分析［J］. 中学教学英语教学与研究，2020（6）：25-28.

［65］张伟芬. 高中英语"以读促写"教学模式初探［J］. 名师在线，2019（6）：46-47.

［66］张文兰. 对教学系统设计理论的思索与浅探［J］. 中国电化教育，2003（5）：13-16.

［67］张献臣. 基于英语学科核心素养的中学英语阅读教学［J］，中小学外语教学（中学篇），2018（6）：1-5.

［68］张星虹. 支架理论在高中英语读写教学中的应用［J］. 基础外语教育，2019，21（2）：85-90.

［69］赵春艳. 基于核心素养培养的高中英语深层阅读课探究：以Looking out of the window教学为例［J］. 英语教师，2020，20（13）：71-81.

［70］赵国庆，黄荣怀，陆志坚. 知识可视化的理论与方法［J］. 开放教育研究，2005（1）：23-27.

［71］赵南，徐利新. 对教师支架类型体系的理论探索［J］. 学前教育研究，2005（7）：23-25.

［72］赵冉，刘燕. 基于引领性问题探究主题意义发展英语学科核心素养的主题教学探索［J］. 中学外语教学，2020（5）：13-16.

［73］朱梦洁. 基于英语学习活动观下的高中英语阅读活动设计：以人教版高中英语必修三 Unit 5 A Trip on "The True North"为例［J］. 科技世界. 2019（18）：102-104.

［74］朱永海，张舒予. 知识视觉表征：知识可视化的实践途径［J］. 电化教育研究，2013，34（8）：17-23.

［75］GOODMAN K S. Reading：a psycholinguistic guessing game［J］. Journal of Reading Specialist，1976（6）：126-135.

［76］SWAIN M. Output hypothesis：its history and its future［J］. 外语教学研究，2008（1）：45-50.

三、论文

[1] 王晶. 高中生英语修辞意识他修辞能力培养研究［D］. 聊城：聊城大学，2018.

[2] 王淑娟. 知识可视化视觉表征在初中英语教学中的应用研究［D］. 济南：山东师范大学，2017.

四、电子文献

[1] 刘芳. 核心素养下基于英语学习活动观的阅读课教学设计［EB/OL］.（2020 – 01 – 05）［2020 – 05 – 05］. https://www.meipian.cn/2mbnfe8o.

[2] 习近平在全国教育大会上强调 坚持中国特色社会主义教育发展道路 培养德智体美劳全面发展的社会主义建设者和接班人［EB/OL］.（2018 – 09 – 11）［2020 – 05 – 05］. http://edu.people.com.cn/n1/2018/0911/c1053 – 30286253.html.

[3] 郑新蓉. 在读图时代重新理解教育［EB/OL］.（2018 – 10 – 24）［2020 – 05 – 05］. https://mp.weixin.qq.com/s/psAh9yxvSoaNNlT3Ap4G2g.